卡耐基（1888—1955），作家，心理学家，人际关系学家

卡耐基小传

戴尔·卡耐基,美国著名的人际关系学大师,西方现代人际关系教育的奠基人。其在1936年出版的著作《人性的弱点》,70年多来始终被西方世界视为社交技巧的圣经之一。他在1912年创立卡耐基训练,以教导人们人际沟通及处理压力的技巧。

1906年,戴尔·卡耐基一篇以《童年的记忆》为题的演说,获得了勒伯第青年演说家奖。这是他第一次成功尝试,这份讲稿至今还存在瓦伦斯堡州立师范学院的校志里。这次获胜,对他的一生产生了非同小可的影响。

怎样获得成功

卡耐基传

陈世平 著

華文出版社
SINO-CULTURE PRESS

图书在版编目（CIP）数据

怎样获得成功 ：卡耐基传 / 陈世平著. -- 北京 ：华文出版社，2012.12（2013.8重印）

（可爱的“坏孩子”·世界伟人成长传记系列）

ISBN ISBN 978-7-5075-3924-0

Ⅰ. ①怎… Ⅱ. ①陈… Ⅲ. ①卡耐基，D.（1888～1955）－传记 Ⅳ. ①K837.125.38

中国版本图书馆CIP数据核字（2012）第319151号

怎样获得成功：卡耐基传

著　　者： 陈世平
出版策划： 李红强
责任编辑： 潘　婕
出版发行： 华文出版社
社　　址： 北京市西城区广外大街305号8区2号楼
邮政编码： 100055
网　　址： http://www.hwcbs.com.cn
电　　话： 总 编 室 010-58336239　发 行 部 010-58336212 58336238
责任编辑 010-58336209
经　　销： 新华书店
印　　刷： 三河市华丰印刷厂
开　　本： 710×1000　　1/16
印　　张： 11
字　　数： 100千字
插　　图： 8张
版　　次： 2012年12月第1版
印　　次： 2013年8月第4次印刷
标准书号： ISBN 978-7-5075-3924-0
定　　价： 21.80元

序

在荆棘中播种

1888年冬天，在美国密苏里州大雪纷飞中诞生的这个孩子，长了一对招风耳。那位年轻的母亲显然比较幽默，在他的一生中都称他这大耳朵为招财宝。

他却因招风耳惶恐不安，还因自己破旧的穿着被同学耻笑而不愿再上学；为了能长高，做过给自己浇水这样愚蠢的事儿；还因与同伴争强好胜，弄断了食指；更因妒忌克洛伊，捉虫子吓唬崇拜克洛伊的小女生，上了学校的“光荣榜”；还把冻死的鸭子烤熟当烤兔，当然，他因此被老师罚出了教室……

年小的他，内心倔强，从不服输，出格的事儿做得多，几乎成了个坏孩子与问题少年。然而正是这样一个问题少年，取得了人生的大成功，把自身的成功经验传授给世界上每个向往成功的人，为人类做出了大贡献。

年少的卡耐基敏感聪慧，常感到自身的渺小，才格外的想引起众人的注意。他所处的外界,自然灾害也威严巨大,让他更加感到自身的渺小与悲催。而过早地陷入对人生幸福与伤痛的深深反思。

密苏里河支流的不断泛滥,农场不断被淹没,家里债台高筑,父亲情绪失控,患了抑郁症。饥一餐饱一餐的生活,乡亲们被贫困饥饿压弯的背影……都让卡耐基过早尝试到弱势人群生存的悲凉,他变成了一个特别忧郁而敏感的人。他害怕风,害怕雨,害怕被雷击,害怕自己如母亲播种的樱花种子一样,没入泥土,永不得超生而偷偷哭泣。

但母亲的坚强、宽容、善良,与充满爱的广阔胸怀,撑开了他精神的蓝天,在他的人生路上点亮了一盏明灯,使他在逆境中,更为清晰地看到自己的路,与心中有关财富与成功的梦想。梦想的种子埋在他心里,必将种在高山之巅,仰望浩渺太空,俯视尘土众生。

卡耐基是怎样将梦想的种子带到高山之巅,使之成为全人类的财富与希望之果的呢?他的心灵经历了哪些变故?在现实又做了哪些拼搏?他有灵魂的导师吗?有明确目标吗?还是不断在修正自己的目标,寻找一条更为合适的路呢?他到达了多少个高山之巅,看到了什么,想到了什么,又得到了什么呢?想知道吗?

大学期间,他为了拿到演讲冠军,十二次被人从演讲台上轰下来,一度的自卑情绪几欲让他自杀,最终他因什么而获得了瓦伦斯堡大学的演讲冠军呢?

为了提高自己的演讲口才,他不分寒暑、不分昼夜的在瓦伦斯堡附近农场路上练习,以致附近的农人以为他是个疯子而叫来警察，有次还因大声的演讲，而吓跑了歇在路边树上的鸽子。为了成为作家，他不惜放弃青年会的锦绣繁华，进入哥伦比亚大学与纽约大学进修语言学与写作课，一次又一次的投稿，一次又一次的被退稿，他从不妥协。还自作聪明地给某大作家写过落款“本人很忙，助手执笔，未过目”的信……他觉得那种落款棒极了，没想某大作家却给他当头一棒，讥讽他的傲慢，要想成大作家，首先学会怎样做人吧！卡耐基羞愧难当。

卡耐基一日不忘草根歌唱家榜德夫人的坎坷经历。正是榜德夫人激励着他在逆境中一次又一次的奋起。《一日终了》优美若带忧伤的旋律，永远响彻在他心灵，给他无限的力量与光荣。

每个人的成功都不是偶然，卡耐基也不例外。阅读这本书，让你走进成功——那个无比深邃美好而广阔的天地。人的精神、气度、饥饿、困苦与挣扎情景，以及成功后无限的风光与美景，都一目了然。阅读这本书，让你走进卡耐基内里丰满的人格魅力，与外在同样丰满的人生经历，以及他如何攀越在那成功路上的。阅读这本书，让你走进卡耐基欢乐的童年，忧郁的少年，奋起的青年，逆境中几番沉浮的成年。

他是一个勇士，一个英雄，还是一个伟人？

每件事，每个人，每个梦想，对卡耐基来说，都是财富，都是藏宝的山峰。他都认真地攀越。而每座山峰，远看绿意甚浓，亲切可攀，而近去，却崎岖陡峭，绿意稀疏，不可亲，亦不可攀。美只在这种遥远的距离。卡耐基将这遥远距离的美，变作了生活中的现实。

俗话说：世上无难事，只要肯登攀。逆境也是生活的恩赐，草根一样能崛起。卡耐基因生活中的艰辛险阻磨难挫折而愈挫愈勇，愈弥愈坚，愈坚愈智。因此达到了一个又一个成功的高峰。他是个永不妥协的攀越者，一个在荆棘中播种的人。他成功的特质与机缘就表现在此。机会永远只给那些历经磨难经验丰满，准备好了的人！

你准备好了吗？你将来想成为一个什么样的人呢？不妨思考一下。

作为卡耐基，一个享誉世界的演讲家，一位笔耕不辍的作家，人类成人的教育之父，心灵导师。走上的这条路，平坦吗？不，成功的路都不平坦，且充满荆棘，来不得半点虚假。世间也从未有过一条捷径。

本书将告诉你如何在荆棘中寻找一块土地，播下梦想的种子。然后辛勤耕耘，而看到梦想的种子是怎样生根发芽，开花结果，喜获丰收的。

目　　录

第一章　同在一片蓝天下长大

大雪下，小虫睡得正香

1888 年冬天，美国密苏里州大雪纷飞，密苏里河支流 102 号河河畔的曼哈里教堂笼罩在一片白色中。教堂外，鸟雀哑然；大雪下，小虫睡得正香。曼哈里教堂内却一片哗然。附近农场主詹姆斯·卡耐基的妻子阿曼达·伊丽莎白，一位普通的教员，正在教堂内生孩子呢。

这是她到达产房的第三天。深夜 10 点。密苏里河 102 号河在大雪中喘息，发出呼呼呼的声响，那是大雪飘落河面的声音。冬夜的风雪透过门缝将走廊里不安行走的詹姆斯·卡耐基吹得连打几个寒噤。望着悄然飞舞的雪花与寂静的世界，他内心的思绪如 102 号河河水泛滥时一般翻腾汹涌。

妻子伊丽莎白未生产时,胎位就不正,詹姆斯是知道的。医生交代要每晚入睡前做一次体操,连续做一两个月,直到胎位正了为止。可由于忙碌劳累,伊丽莎白从没做过,任由孩子生长到出生。用她自己的话说,孩子怎样到她肚子里,就怎样到这个人世间。她相信自己的孩子是生命力极强的人,有降生在这个世界的能力,无论在何种胎位下。

孩子头朝上,脚朝下,难产。素日,伊丽莎白就感觉胸口毛茸茸的,仿佛孩子的头发。就跟人开玩笑说,自己的儿子是个顶天立地的汉子,大人物。她希望他将来会是个优秀的传教士或教师。詹姆斯·卡耐基也高兴地附和,他们一致认为他们那未出生的孩子,将是个不平凡的男孩。

可两天过去了,詹姆斯内心对新生命的憧憬与喜悦,就都被担忧与恐惧所代替。来时医生就说,自然分娩有一定的危险,但选择剖腹产还是很安全的。伊丽莎白是个崇尚自然且乐观的人,她认为自然分娩的孩子,将来抵抗能力强。再则,剖腹产的费用比自然分娩高十倍。这对贫困的詹姆斯一家来说,无疑是一笔大开支。他们手头总共不到一百美元,此年102号河又泛滥,他们根本没有收入。生产前,詹姆斯把那一百美元掐算了又掐算……但为了母子的平安,是否该改变一下主意呢?

雪仍旧纷纷扬扬地下着,落在地上悄无声息。因为雪覆盖了一层又一层,看上去显得极其柔软,似乎透出种温暖。而詹姆斯内心的忧郁与寒冷却一层又一层地加深,走廊里踱步的声音也越来越大。这样子可不行,如果今晚不生,孩子与大人的生命都有危险。因为大人体力消耗过多,自然分娩的能力就会变差,现在幸得羊水未破,否则早该动刀了。医生的话一再回响在他耳边,他焦躁不安地欲敲门进去。只听见“啪”的一声,周围都安静了,大家谁也不知道产房内发生了什么。

原来伊丽莎白腹中的羊水袋破裂,几公斤重的羊水“啪”地一下喷出来,撞到了墙壁上。几乎同时,婴儿降生了。医生忙捂住自己半边被羊水打湿的脸与头发,尴尬地说:这孩子真怪,哪有这样给自己放响生炮的,还伸出一只脚,真是难产,不知是男孩还是……话还没落音,另一个医生就欣喜地叫道:是个男孩,你看,他的小雀雀……

彼时是 1888 年 11 月 24 日 11 点 23 分。詹姆斯在走廊听到一阵响亮的婴儿哭声,便一个箭步冲进产房。果真是个男孩,一只脚青紫得像桑葚,另一只脚倒白净。青紫的脚是先伸进这世界的,夹在外面许久,被夹得青紫。两只颜色不一样的脚在这世间踢打着,一双大眼睛忽闪忽闪的,强烈的灯光一点都不能刺激到他,因为刚生下来的孩子眼睛是无光的,可他那神情,却似看清了眼前的一切。更有趣的是,他长着一双特大的耳朵,比他哥哥的耳朵大了两倍。

伊丽莎白忘却了生育的疲惫与疼痛,望着这个自己用生命换来的小家伙,只觉得他小得可怜,忧郁得很。他是她想象中那个顶天立地的汉子吗?不,他似乎太瘦弱了点。

外面依旧大雪飘扬,可大雪下的小虫却被惊醒了。它们慵懒地睁开眼,似乎看见了这个刚出生的小男孩,他就是一代伟人——戴尔·卡耐基,大家亲切称他为大耳。

小家伙从出生以来,身体就一直不好。除了眼睛、耳朵、脑袋特别大外,哪里都小,看上去就像根豆芽菜。所以他还有另外一个绰号:豆芽菜。

每个星期,豆芽菜都要进医院,不是感冒高烧,就是腹泻呕吐,大人们都担心他活不长久。但小家伙体质虽瘦弱,意志却无比坚强。虽然每次到医院门口,吓得嘴巴嘟成了一个0,但真望见那针头,倒镇定了,嘟嘟着嘴巴硬是没哭出来。因为他听见母亲不断地对着他的大耳朵说:小乖乖生来就是顶天立地的,不怕打针,不怕痛。听到母亲的话,他就闭着眼,让医生扎针,从来都不哭。其实打针不那么疼的,但不知其他小朋友为什么哭喊得那么厉害。这在卡耐基小小的心里是件值得骄傲的事,因为医务所的医生都说:这孩子虽瘦弱,却无比坚韧,长大会有大出息。

可坚韧的卡耐基为什么身体那么差呢?

一是因为生下来时着了风寒,由于难产又自然分娩,伊丽莎白下身全部撕裂,缝了十来针。小家伙出生后,大家忙着抢救大人,把他扔在一个冰冷的床上足足两个小时。直到被袭来的风雪冻得打喷嚏,大家才注意到小生命是否该暖和点,回到母亲的怀抱呢?被冷落的滋味真不好受啊,卡耐基生来就体味到了。二是因为天生营养不良,因为母亲在怀他时,没吃过肉和鱼,只吃青菜萝卜。没有油汤油水的孕妇,心里时常会难受的。

小卡耐基长到四五岁,一直是尖嘴猴腮,头发枯黄的模样，耳朵出奇的大。人家都取笑他的大耳朵为招风耳，而母亲伊丽莎白却亲切地称他招财宝。他自己也没有因为大耳朵不愉快，相反，在这一副尊容的影响下，父亲倒更心疼他，并在他 5 岁生日那天，送了他一只长着一样大耳朵的小狗——蒂比跟他做伴。从此，这两对大耳朵就成了形影不离的伙伴。

虫虫飞，虫虫飞，你飞到哪里打瞌睡？虫虫飞，虫虫飞，你可有妈妈等你回？虫虫飞，虫虫飞，孙子哭，婆婆背；背到西，捉小鸡，背到南，我吃东西你嘴馋……

蒂比，蒂比……卡耐基边唱歌儿，边唤着小狗，在父亲农场的樱桃园里玩耍。春天来了，睡得正香的小虫早醒了，它们正都忙着在樱桃园里寻樱桃果儿吃呢。

忧郁的黑樱桃果

农场除了小麦、稻谷等庄稼地外，还有果园，葡萄园、橘子园、樱桃园等。一到春天，果园里五颜六色的花朵争相开放，蜜蜂嗡嗡地唱着情歌，忙着在园子里传播。父亲与哥哥克里夫顿，也像勤奋的蜜蜂一样在田间劳作。

哥哥克里夫顿比卡耐基大三岁，已学着父亲在农场干活了。小卡耐基就与小黄毛狗在家照看收割起来的稻谷与麦子，摘樱桃果吃。那么多种果子中，他最喜欢吃樱桃，或许是因这含苞欲放充满吸引力的名字？

农场在密苏里州玛丽维尔镇，102 号河畔，东经 35 度，与中国重庆的气候差不多。夏季较长，日平均气温 25 摄氏度。湿度较大，冬季比较寒冷，零摄氏度左右。很适合樱桃生长，野蔷薇也适合在这里找到家。玛丽维尔本身就是个樱桃满地、香味扑鼻的小镇。每到春天，各种家生、野生的樱桃花在小镇上争相开放，营造着人间特别的美景。每到夏天，各种樱桃果子成熟，映照在 102 号河畔，一片风情万种。

但劳苦奔波的玛丽维尔人，体味不到这些。他们早出晚归，为着农场的活儿忙，为猪儿、牛儿、马儿忙，为着躲避密苏里州的风沙与 102 号河水的泛滥忙，根本没有时间欣赏如此美景。倒是卡耐基与小黄毛狗蒂比，每天陶醉在这迷人旷阔绚烂的风景里，乐不知疲。

爬上樱桃树摘樱桃是他们最开心的游戏。卡耐基每扔下一颗，蒂比都在下面狂蹦乱跳。他们将拾来的樱桃果收藏起来晒干，等来年收购樱桃果的商人来，好把它们销售到世界各处去。美国西部密苏里州的樱桃在世界上也享有盛名。

樱桃园外有一大块空地，空地上长着硕大的黑樱桃，红得发紫，大且甜。卡耐基常望着那一方天空，如坠梦境。那是密苏里州生长的野樱桃，没有人栽种，也没有人采摘，自生自灭。据说用黑樱桃果酿的酒，芳香醇厚无比。据说黑樱桃树在不同的生长期会呈现出不同的颜色，这是让人非常惊奇的。

春天里，它是淡红色的，夏天来临，那淡红色的叶子就变成黑绿色，然后盛开出一串串白色的花，花呈长方形。夏末，它便成了紫色，豌豆状的黑樱桃就形成了。小而黑，因此叫黑樱桃。

鸟雀闻到黑樱桃的清香飞来，啄着一颗一颗地吃，吃饱了，还将它们叼到别处，久而久之，密苏里州的田野路边长满了黑樱桃树。每到开花季节，那白色的樱桃花，就如铺在地上的一层层雪，无比惊艳。

小卡耐基与蒂比被这四面八方的樱桃迷醉了。躺在密苏里河 102 号河畔的沙滩上，望着碧蓝的天空，鸟雀含樱飞翔的场景，令人陷入一种深深的恍惚。他不知道这一切是现实还是梦，或许这自然美景终只是一场梦？多情绚烂的野樱桃一年一季地变色盛开，养育了小卡耐基多愁善感的性格。还有那自古以来就盛开的野蔷薇，也养育了他如父亲一般忧郁的诗人气质。

小卡耐基的父亲詹姆斯从小就是个文学爱好者，一个忧郁的诗人，长相秀气而且气质文弱。正是他这忧郁的气质，吸引了小卡耐基貌美多才的母亲伊丽莎白。

从小，只要卡耐基在农场玩耍，父亲总会教他念一首诗：

告诉你什么是我的最爱
渴望徜徉在六月里
大约是草莓成熟的季节
某人午后
总爱偷偷小憩片刻

什么也不做
我宁可在果园里
无拘无束
头顶蓝天，足踏绿地
有清新的空气可供我呼吸
有如茵的草地可供我躺卧
就如你有客来访时
母亲在阁楼上布置的又厚又软的床

卡耐基喜欢诗中母亲铺好的又厚又软的床，喜欢头顶蓝天，足踏绿地，无拘无束地在农场广阔的天地下玩耍。

这绚烂美丽的黑樱桃，这遍野盛开的樱桃花，于密苏里州人充满诱惑。无论作为花朵、果实，还是酒，在小小的卡耐基心中，他的家乡就如诗一般的美。

“几树粉嫩的樱桃花在记忆中开满，叫喳喳的喜鹊在枝下踱步的神态是那样安详，青瓦的小屋，低矮的土院，墙头的绿草，在风中招展，朱扉敞开窗花照眼，午后无人为着哪般，几把竹椅随意摆放，青花瓷杯冒着茶烟，远处的湖泊一片蔚蓝，近处的青山矗立无言，樱桃花、小屋、土院悠然卧在春日的田园。”

这描绘的情形，多么类似卡耐基的家乡。那远处的湖泊是102号河，那青山是父亲常去的小山，那樱桃花、小屋、土院真是悠然卧在春日的田园，无限优美。

只是父亲詹姆斯却因饮黑樱桃酒，与母亲发生了争吵。父亲从前并不饮酒，由于农场歉收，心里抑郁，才渐而饮上了酒。或许酒真会让人忘却许多今生的磨难与哀痛。

门前有条小路直通农场的小山，父亲每次与母亲吵完架，就骑马跑向小山，留母亲一个人在樱桃林哭泣。那黑色的樱桃树因为吞噬了太多母亲的眼泪，就生长出了忧郁的黑樱桃果。那黑樱桃果酿出来的酒，也是有些忧郁的。

但父亲从小山骑马下来时，总是换了副模样。兴高采烈地哼着歌曲，念着诗，兴冲冲地下山，一扫先前的颓废。

山不大，也不高，但在5岁的小卡耐基眼里，却是座高山。为什么父亲每次从那高山之巅下来，都笑容满面，开开心心的呢？高山之巅是什么呢？

蒂比的逝去

这可是个令人纠结的问题。很多次，他都想爬上山去看看，可总缺乏勇气。因为父亲说，别看那山貌似在屋后头，其实很远。所谓望山跑死马，就是这个道理。小卡耐基就问老卡耐基，你骑马跑去多次，怎么没见马死呢？老卡耐基无法解释，就说，他根本没上山，跑半路就返回了。还说，没事别上山，因为山峰离天比较近，打雷下雨时闪电很容易电死人。卡耐基才不相信父亲的话，总认为山巅一定隐藏着什么秘密。

那年，102 号河没有泛滥，农场玉米丰收了。金黄的玉米垛高高地垒在门前的禾场里，小卡耐基与蒂比便在玉米垛下捉迷藏。

小卡耐基顺着玉米包往下蹦，然后又顺着玉米包往上爬。蒂比就跟在他屁股后，东寻西找，忙得不亦乐乎。每蹦跳一个回合，蒂比总是抑制不住欢快地汪汪几声。玉米包堆得像座小山，太阳一照还有些荫，玩累了，他们就蹲在玉米包底下歇荫，稚气的脸上布满星星点点的汗滴。

玩儿着玩儿着，小卡耐基突发奇想，此山与彼山有什么不同呢？想着想着，他就带蒂比上山去了。山离农场大约两英里，不远也不近，是老卡耐基用一百美元买来的，属于农场的一部分。山坡上长着稀疏的樱桃树，父亲本是不会经营的人，农场都管理不好，不知买来这小山做什么？六月天的火红太阳把他们晒得大汗淋淋，白色的樱桃花开在山坡上，好不绚烂。蒂比跟在后面摇头摆尾地哈气，长长的红舌头伸出来，又缩回去，两只大耳朵耷拉着，像两只瓜瓢。天气实在太热了，一般这样的燥热，都会下雨。禾场里的玉米垛该用油布盖好，成熟的樱桃果要赶紧摘回去，要不，下雨了，被打落在地，淹进泥土，怎么办？父亲回来看见玉米被淋湿了，会怎样？母亲回来知道家里发生了那么多事，又会怎样？卡耐基心里七上八下的，直觉得自己这个决定太唐突，但已到半路，

小卡耐基长到四五岁，一直是尖嘴猴腮，头发枯黄的样子，耳朵出奇得大。父亲在他五岁生日那天，送给他一只长着一样大耳朵的小狗跟他做伴。

名家名言

行为胜于言论，对人微笑就是向人表明："我喜欢你，你使我快乐，我喜欢见到你。"

名家名言

一种简单，明显，最重要的获得好感的方法，那就是记住他人的姓名，使他人感觉对于别人很重要。

不想回转。再说那高山之巅是什么，对他真是太富有吸引力了。这么想，他也顾不得什么了，直奔山上去。

那山远看没有一处不亲切、不可攀，绿盈盈地充满梦想。可当上了山，那山才不亲切可攀而是崎岖不平的。蒂比跟在后头气喘吁吁的。最近它似乎有些心思，只是不便表露罢了。它有什么心思呢？似乎是克洛伊家的那头白花母狗迪迪。克洛伊家是农场最富有的人家，他家的狗当然最优雅、最貌美。小白花狗迪迪长着一身白绒绒的毛，一双蓝色透明的眼，无论看谁，都似一汪深情。迪迪时常跑到禾场来与蒂比玩耍，想必迪迪的调情勾住了蒂比的心，使它爬山也心不在焉。如果不小心摔下山崖，那就无论是迪迪还是嗒嗒，都见不着了。

嘿嘿，蒂比，加油，蒂比，加油。嘿嘿，蒂比，看谁爬得快，嘿嘿，蒂比，上，上。卡耐基边爬边给蒂比加油。蒂比也被小主人的情绪感染了，汪汪汪地奋力爬到前面去了。很快，它就爬上了山顶。

蒂比被山巅的奇景惊呆了，敏锐的嗅觉、听觉一下都失聪了。犬声也没了。那狂澜的野花香气扑灭了所有生灵的知觉。你知道山巅是什么？原来是一大片一大片的黑野樱桃，野樱桃丛中还有间小木屋。

小卡耐基怀着好奇的心情走进小木屋，看见一摞摞的书，折叠着放在旧书柜里。原来山顶的小木屋是父亲精神的家园。他来此是为寻找一个与世隔绝的宁静的家。看，这满山开遍的樱花；听，这颓废优美的田园诗，都寄予了父亲年轻时浪漫风华的爱情与诗人般的忧郁。可时光真会改变一个人,把那诗情画意、充满信念的人,几乎变成了一个性格暴烈、嗜酒如命的糟老头了。

但这糟老头并非永远那样糟,好心情的时候也多。

父亲心情好时,还会给卡耐基念诗。红了樱桃,绿了芭蕉。那诗对父亲来说,有着特别意味吗?父亲心情好时,会带他一起一边念诗一边爬山。他们享不尽无限的田园风光,感觉不尽生活中的无限美好。

山前是农场,山后却是奔流不息的102号河。

这个发现让小卡耐基兴奋不已,山脚居然是奔流的102号河,宁静时,它如天空一样蔚蓝,102号河和蔚蓝的天空相依相偎,仿佛一对恋人。从前多少次,父亲与母亲也是这样相依偎的。

那日之后,卡耐基每天都上山,去那个小木屋,拿起父亲的书,一本一本地看,尽管看不懂什么,但喜欢。他喜欢父亲读的那首中国古诗,樱桃红,芭蕉绿。喜欢旧书散发出的香气,如醇厚的黑樱桃酒。

可最近蒂比却陷入了迪迪的情网,懒得陪他一起上山玩耍,也不再在他每次下山时,摇头摆尾地欢迎。它每天厮守在克洛伊的家门前,望着迪迪唱情歌。可迪迪并不那么爱蒂比。蒂比闷闷不乐地藏在樱桃树底下,舔食着父亲忧愁时饮剩的黑樱桃酒。

受母亲的影响,卡耐基从小对酒就敬而远之。酒让他想到醉生梦死,极乐之境,这也是母亲害怕父亲饮酒的原因。

在母亲眼里，打牌、饮酒都是罪恶堕落的见证。但蒂比却因情饮酒了。

小卡耐基想到蒂比正经受着失恋的伤痛，觉得有些好笑，笑后又生出些怜惜。

那日天下大雨，硕大的樱桃果一颗一颗落下。小卡耐基忙从山顶跑回家，一则为拾掉落的樱桃果，二则为盖好禾场里的玉米垛。可上山容易下山难，山路被雨水打湿，更不好走。心急吃不了热豆腐，卡耐基一不小心，差点从山顶滚落下来，如樱桃果一样没入泥土，无声无息了呢。

蒂比见大雨倾盆，小主人还没回来，顾不得失恋的忧伤便往山上跑。半路上，它看见卡耐基孤单地在山顶的樱桃树下躲雨，心怀歉疚地上去，用舌头围绕着他舔。它实在太抱歉，这些日子为自己的小情绪没照顾好小主人。卡耐基知道它的意思，忙用手安抚它的头。那一缕缕的毛发金黄发亮，原来蒂比早长成一个年轻帅气的"小伙子"了，难怪会为情所困。

雨停了，蒂比兴高采烈地跟在卡耐基后头，准备下山。突然天又阴沉了下来，六月里的天，真是小孩儿的脸，说哭就哭，说笑就笑，阴晴不定。没办法，他们只有在樱桃树底下躲一会儿了。此刻雷电闪烁，好不吓人，山顶的天空清白旷阔，如102号河。天空与河流其实是一个整体，尽管一个在天，一个在地。因为河流总倒映出天空，天空总呈现在河流里。自然真是无限奥妙，让人看出许多人生秘密。小卡耐基沉浸在这种河流与天空的遐想……

突然一个响雷"啪"地打来，卡耐基只觉浑身一震，金光一闪，蒂比如一支箭“嗖”地扑来，扑腾了几下，就死了。望着突然死去的蒂比，卡耐基内心恐惧极了，吓得在樱桃树下大哭。他不知道为什么刚才还活蹦乱跳、心怀情爱的蒂比，竟然死了，生命真是无常而脆弱。且是为救他而死的，没有蒂比的扑上前来，或许被雷击中的就是他。再看，那樱桃树也已被劈成两半。那满山的野蔷薇也垂了下去，没有半点往常的风情绚烂。幸好父亲赶上山来，见此情状，即刻把他搂进怀里，轻抚他的头，轻吻他的额，轻拍他的胸脯。卡耐基这才从战栗中安静，躺在父亲的怀抱里睡着了。

醒来，雨停了，西天一片绯红，卡耐基也回到了安全温暖的家，只是他亲密的小伙伴蒂比，却永远地消失了……

醇香的黑樱桃酒

蒂比的突然死亡对卡耐基打击很大。樱桃园里，再也没有蒂比欢蹦乱跳的影子；山路上，再也听不见蒂比欢乐的汪汪声；102 号河畔，再也没有蒂比与他一同仰望蓝天、鸟雀含樱飞翔的情形；迪迪门前，再也没有蒂比多情善感、忧愁徘徊的身影。死亡那么切近地发生在他身边。

蒂比的离去没使这个世界发生任何改变，唯一改变的是卡耐基。他失去了蒂比，也失去了宁静与单纯的心境。从前他因有蒂比，跟周边的孩子很少在一起，譬如，邻居的山姆·怀特。他总在人家门前偷看不远处的莫德三兄弟——莫德·伊思文、莫德·罗伊和莫德·格兰。他们每天就在 102 号河畔沙滩摸鱼捉虾,滚得浑身都是泥沙。那种无拘无束倒是蛮吸引卡耐基的,只是他没有一次敢自己试试。卡耐基兄弟俩都斯文瘦弱,如诗人一般,怎会打赤脚,背竿筝子,到野滩坑边摸鱼捉虾呢?

哥哥莫里夫顿比卡耐基更为懦弱纤瘦,纤瘦并不是指身材,而是精神。莫里夫顿跟父亲一样,想当诗人。可是克里夫顿非常胆小,自己的理想从来都不敢说出来。他尽管也喜欢父亲建在山顶的小木屋,却从来没上去过。他也喜欢父亲念的中国古诗,但他从来就不会念一句。在卡耐基眼里,哥哥要成为一个诗人挺难,因为他太胆小了,没有向自己理想攀越的勇气与信心。他不喜欢哥哥,也不想当诗人,觉得诗人不好,诗人都神经质。像父亲詹姆斯,时间这么久了也没成为诗人,还把那些诗集藏在小木屋里,就像犯了罪一般。他想,我应该是个写字者、成功者,有着阔达的胸襟与风范,到达人致密的心境。但他没有找到达到这种境界的途径,走歪了点,成了一个坏小孩。

他学会了喝酒,玩纸牌,抽烟。心情有些放纵的麻醉,那不是豁达与风范,而是逃避。可他的意识觉察不到这些。

偷着喝酒,打纸牌,不能全怪卡耐基。只要 102 号河水泛滥,农场就颗粒无收,父亲詹姆斯望着辛勤耕种的稻谷被水淹没,养育的猪、牛、羊被水冲散那饥荒潦倒的情形,就抑制不住喝酒。他本就像诗人一般,怎能喝得了多少酒。喝了一瓶黑樱桃酒,就仰面大醉,如牛喘息,睡着了,一切忧愁苦难都消失了……

不仅父亲如此,玛丽维尔的其他农场主也一样。就算

102 号河不泛滥，那些嗜酒的农人也会营造出些惊人的事。山姆·怀特的父亲泡谷子时饮酒，把满缸的谷芽子烧死了。莫德兄弟的父亲老莫德是个酒鬼，又不善言辞，喝醉了更是说不好一句话，连自己的家门都摸不着，在坟山缝里睡了一夜，脚被碎玻璃片刺得鲜血淋漓，居然丝毫没有察觉。据说那酒是越喝越甜，喝到最后是头重脚轻，走起路来如弹簧一般，飘然若仙。有个农人喝醉了酒，还把飞来的鸟雀醉死。因为死的鸟嘴里喷着酒气，吃了醉农呕下的饭粒。

那些落难的老百姓，没什么可解脱的，或许酒真是解脱人生困苦的良药。那种神奇的滋味，卡耐基在孤独想念蒂比时，便偷偷尝试了一下。

喝过酒后，就去与莫德兄弟打纸牌，爽呆了。似乎没有了精神与灵魂，也没有任何苦痛。所谓醉生梦死，大约就是这种境界。父亲詹姆斯也想这样，只是没人跟他打牌，他是一个有些孤傲的农人，有些瞧不起那些粗俗的农人。农人也懒得跟他这清高的人说话，于是他只有在床上呼呼大睡。睡梦中还念着“红了樱桃，绿了芭蕉”。红了樱桃，绿了芭蕉，想表达什么呢？

有一次，母亲伊丽莎白从教堂回来，见父亲酒气熏天，睡得如一头死猪，还发现卡耐基在莫德家打牌，简直悲痛欲绝，跑进莫德家，夺过他手中的纸牌，丢进火炉里，边丢边痛心疾首地对他训斥：我宁愿听到土块掉落在你棺材上的啪啪声，也不愿看见你带着魔鬼污秽的爪子自甘堕落，小小年纪，不学好，学这个，还有你的父亲……

母亲说着，愤怒地冲进雪地里。夜深了，雪更大，大雪下，小虫也睡不着。他与父亲、哥哥一起寻找着母亲、呼喊着母亲。此时此刻，他们才觉得母亲无比的重要。

卡耐基想起102号河河水泛滥，河水淹没农庄，颗粒无收每日忍饥挨饿的日子。母亲总是每天清晨打开大门，在小屋欢快地唱圣歌，在阳光中准备好早餐，对他们说：孩子们，不要害怕，只要我们勤奋努力，上帝会赐予我们所需要的食物。卡耐基记得那首圣歌词：和平呀和平，温馨的和平，神所赐予我们的和平，在无尽的、爱的大海中，永远地满足了我们的心灵！

是母亲坚毅乐观的信念，使他们无论在多么恶劣的环境下从未缺过粮食，挨过饿，总会很温暖地入睡。渐渐地，卡耐基从母亲身上明白了一个真理：无论是贫穷还是失败，都永远无法压抑住那些拥有积极生活态度的人，因为他们拥有将逆境作为跳板的能力。他发誓以后不再喝酒打牌，做一个如母亲一样在逆境中乐观奋起的人。

在母亲心中，任何灾难都是可战胜的，但人的精神不可堕落、不能在酒与牌中沉醉。她觉得自己很失职，没有做好一个母亲与妻子，伤心地在雪地里哭泣。

母亲的伤心刺痛了他们父子。父亲詹姆斯日益振作起来，他不想再让他的妻子伤心难过。他们同饮102号河河水，同有玛丽维尔蓝天下的家。

卡耐基站在奔腾不息的102号河畔，望着碧蓝的天空，鸟雀含樱飞翔，唱着母亲教给他的圣歌，想起父母的宽阔厚爱、山顶的黑樱桃树与小木屋,感觉自己平凡生活的美好。在这青山绿水的美景里,卡耐基长成了一个善于思考、淘气、聪颖的孩子。只是蒂比却永远地逝去了,不与他同在蓝天下歌唱了,这成为他小小的心里一个不快乐的影子,掠也掠不去。

阅读思考

① 小卡耐基的父亲为什么在小卡耐基五岁生日那天送给他一只小狗作为生日礼物?

② 小卡耐基在母亲的身上学到了怎样的优秀品质?

第二章　102 号河畔的快乐影子

罪恶，酒及灵魂的拯救

基于对酒深痛的记忆，卡耐基的母亲伊丽莎白决定发表一次有关酒的演说，以唤醒那些酗酒误事的人们。这个主题叫“罪恶，酒及灵魂的拯救”。

那日，卡耐基早早喂好猪食，浑身洗得干干净净，与哥哥莫里夫顿去曼哈里教堂，等待母亲的演讲。那日，玛丽维尔农场的阳光特别祥和温暖，通红的朝阳照得 102 号河畔一片静谧，那静谧的气息几乎感动得卡耐基流下泪来。他不知道自己为什么会那么感动。那日，母亲穿着白色连衣裙，在潮红的朝阳照射下如天使一般。

亲爱的，我的主……

望着舞台上风姿绰约、才华飞扬的母亲，卡耐基的小脸涨得通红。从来，他都没见过那么热烈的场面，那种站在舞台上受万人拥戴的滋味太美妙。当母亲给大家介绍，戴尔·卡耐基，我的小儿子，就是在曼哈里教堂出生的，因为难产，我差点死去。可他却坚强地活下来。谁愿意自己用生命换来的儿子陷入歧路，而我的儿子，戴尔·卡耐基却因亲密伙伴蒂比的逝去，而饮酒堕落了……最终他戒了酒……

母亲的声音哽咽了，跪在地上向上帝祷告。母亲心口的伤痛还未能愈合。卡耐基仿佛看见母亲的伤口在汩汩淌血。他忍不住跑上台去，拥抱母亲，与母亲一起祷告，告诫大家饮酒的害处，告诉大家戒酒之后家人在一起其乐融融的场景。母亲站起来，结束祷告，台下响起雷鸣般的掌声。母亲边演讲，边打手势，边叫卡耐基向观众鞠躬。卡耐基被母亲的倾情演讲感动得哭了，台下许多相同感受的母子、父子也哭了。

那场景终生印刻在卡耐基的脑海里。只要一闭眼，母亲那活跃激情的样子就浮现出来。母亲的演讲开启了卡耐基想受人关注、表达自己见解的欲望。演讲与口才这样的词，在他心中已占据了神圣的位置。他想自己哪天也能风度翩然站在舞台，以自己卓越的口才征服受众，他的言辞会像102号河的水一样，源源不断。那是需要极大才气的，而这才气从何而来呢？

初到圣约瑟城

卡耐基的父亲詹姆斯虽是个农民，只上过小学，却与一般农人不同,知道视野对孩子的重要性。一日清晨,老卡耐基对小卡耐基说:你想知道密苏里州外有什么吗?这世界不只玛丽维尔镇与我们吧?小卡耐基答:是的,爸爸,我很想知道密苏里州之外还有什么,明天你运猪到圣约瑟城去,我能跟你一起去看看外面的大世界吗?

圣约瑟城在玛丽维尔的南边,是密苏里州南边最大的城市。好啊,你准备一下,明天清晨就走。老卡耐基微笑地答应着。

得到父亲的许可,卡耐基高兴得一夜睡不着。圣约瑟城什么样?长这么大,他还没去过。

早上,天刚蒙蒙亮,他就爬起来,和父亲一起将猪从猪圈里赶出来,用货车车厢装好。冬天的晨风清冷,而猪们的挣扎与叫喊声却十分热烈,它们虽在这猪圈里没过过什么好日子,但真要离开,却也舍不得。车厢四周是高高的木头围栏,人与猪的嘴巴里都冒着热气。一头猪见卡耐基站在车厢旁,也许恨他把自己拖出了温暖的猪圈,伸出头来咬了他一口。其他的猪见状也起哄,乱糟糟地都伸出了头。卡耐基吓坏了,不知道自己哪里得罪了这些猪,要遭受它们的围攻。

父亲见状,哈哈大笑地走过来,拍了下猪们的头,唱了首猪歌。那歌的语言,或许只有猪们听得懂。然后摸摸卡耐基的头,说:不用怕,你试着摸摸它们的头,像我

摸你的头一样,它们就不会咬你了。卡耐基想起从前自己总摸蒂比的头,蒂比与他那般亲密的情景,心里就不再害怕,把手向猪们的头伸去,果真它们就安静了。

父亲还给他一美分,说给他上圣约瑟城随意支配。这可是笔财富,他还从来没有单独拥有过一美分,他想要买的东西太多了,他想买一个弹球、一盒铅笔……

小卡耐基攥着这一美分与父亲去了圣约瑟城。一路上,他都紧紧地攥着,生怕弄丢。父亲拥着他,坐在车厢前面的棚子里。马车在崎岖的路上颠簸,一上一下,如婴儿时期母亲的摇篮。102 号河畔的风景也在颠簸中,透出无限的神秘,仿如云雾般地飘浮起来。玛丽维尔尽管风景迷人,樱花多姿多彩,野蔷薇满山遍野,而实则沉闷,没有一个高知识水平、城市气息的人。他们呼吸着农场的清纯空气,纯净得如花草树木一样,早没了复杂的思维。总之,乡下让小卡耐基感到缺乏着什么,不那么丰满。而圣约瑟城却对他充满了吸引力。

父亲詹姆斯毕竟曾是个"诗人",他希望自己的孩子将来做个能够实现理想的人,不做像他一样的农民。一路上,父亲跟他讲钢铁大王安德鲁·卡内基的故事,这是个穷人怎样走向富裕的故事。

詹姆斯说:你知道吗?安德鲁还是我们的远亲呢……

是吗?卡耐基听了崇拜不已。啊,那可是真正的成功者,我将来也要成那样的人。安德鲁开启了卡耐基灵魂的财富之门,第一次,他感到物质是奠定成功人生的最初基础。他为自己有这样的一位远亲感到无比荣幸与欣慰。那是贫穷家境导致的一种饥饿。一个家族有没有这样成功的前辈，对孩子们的成长太重要了。那种精神导向的作用对孩子们来说是无法预料的，而玛丽维尔就缺乏这样成功的典范，在一个家族中没有这种精神指导的孩子是悲哀的。卡耐基在这朦胧的新思绪中，到达了圣约瑟城。

哈，圣约瑟城有多大？望着那些高楼大厦，卡耐基简直不敢相信自己的眼睛。他还从来没看见过那么大、那么高、那么时髦的楼房。玛丽维尔的农庄最高两层，且墙壁没那么白，样式也老，总是粘黏着些青色，那是农场自然绿色的痕迹，是孩子们调皮时糊上去的。

那么高，孩子们不会从楼上掉下来吧？卡耐基担心地问父亲。

傻孩子，怎么会？还有比这更高的楼呢！等你长大了，去纽约就会知道，不仅人外有人，天外有天，而且城外还有城呢！

是吗？卡耐基羡慕地望着那些高楼，暗暗地想，要是我能去纽约多好。这时，一辆火车呜地从天桥驶过，卡耐基吓了一大跳，什么东西，好长，还发出呜呜的叫声？父亲笑着说，是火车，孩子，你长大了，无论去哪个城都会坐的。远处一架一架的飞机从天上掠过，飞向高空。卡耐基看了半天，心生困惑，问父亲：那方天空怎么有那么多飞机？它们从哪里来？父亲说：那方是圣约瑟的飞机场，那些飞机到了起飞时间。难怪，卡耐基伸了下舌头。第一次，他看见那么多飞机连续不断地起飞，真是气势恢宏。素日，在玛丽维尔看到一架飞机都是非常稀奇的，还飞得高远。而圣约瑟城的飞机就从楼顶飞过，差点擦着了楼，几分钟就有一架，真是好神奇。父亲见卡耐基看得入了神，就对他说，往后你长大了，到了纽约，那里的飞机场全球最大，一分钟就有好几架起飞呢。是吗？卡耐基惊奇地睁大眼睛，心想，纽约有多大？地球又有多大？以后我会乘飞机去纽约，去地球的另一端吗？据说地球是圆的，怎么飞机在天上掉不下来呢？

圣约瑟城的一切对卡耐基来说，太稀奇。好大的一个城，离开父亲，或许会走丢呢。他没有买到弹球、铅笔，不是忘了，而是他不到买那些东西的地方。父亲素日来只往屠宰场，他也不知道。他肚子有些饿，父亲就带他去一个中国馆子喝江西乌鸡汤，那汤真香，好喝极了。

一整天，他们父子就这样在圣约瑟城闲逛，直到天色渐晚，才恋恋不舍地走上了回家的路。这一路，却不似来时轻松。从达瑞文德火车站下车后，要步行4英里才到家。远望，102号河就在身边奔腾，却怎么走，都走不到似的。

走了一节，卡耐基就问父亲：还有多远？父亲说：你看，那是我们农场的小山，马上就到了。走了一节，他又问：还有多远？怎么山不见了？父亲说：天黑了，当然看不见。喔，原来是这样。

卡耐基终于困了、乏了，看见天上的星星、月亮都亮起来，更加走不动了。

朦胧中，他只觉得天上的星星、月亮都晃动着，原来他已站不稳脚，睡着了。睡梦中是神奇遥远的东方——中国。那里有喷香的乌鸡汤喝。还有手中的一美分，它永远地属于他了。

小木屋里的秘密

第二天一大早醒来，一切还是原样。但小卡耐基觉得某处已不一样了。那就是他的内心，跟以前不一样了。从前，他内心只有玛丽维尔、102 号河、山姆·怀特、莫德兄弟、农场的樱桃园、山顶的小木屋。现在，他内心有了圣约瑟城的火车、飞机、高楼、小马邮递与杰西·詹姆斯的故居，有不断长大的梦想。他想长大了跑四方，不待在这封闭沉闷的农场才好。

但他还没来得及把这些稀奇丰满的东西向伙伴们炫耀，就发现了另一件奇怪的事。

每天夜晚似睡非睡时，总会听到有歌声从山顶传来。夜晚，农场一片寂静，树叶落在地上的声音都听得见，牛羊睡觉的呼噜声也听得见，何况是歌声？谁在山顶唱歌呢？

赞美上主，创造群山，赞美上主，灌注百川，赞美上主，装饰空间，日月交辉，明星万点。

赞美上主，唤醒黎明，晨光灿烂，照耀万灵，赞美上主，安排夜景，如垂帐幕，护我安寝。

赞美上主，大哉宏恩，差遣圣子，赏赐生命，使我长夜变成白昼，使我黑暗变成光明。

赞美基督，因爱降生，担负一切羞辱艰辛，降生受死，由死复活，舍身以作万世牺牲。

赞美圣灵，大发光明，将主爱力照彻我心，圣洁、喜乐、仁爱、和平,诸般善果,圣灵所生。

父子圣灵,三位一体,万民屈膝,崇拜虔诚,纵使人生羁旅多愁,依旧欢呼赞美不停……

歌声带着无限的威严与辉煌,飘荡在小山顶上,飘进山下农家的敏锐的孩儿耳朵中。

这圣歌母亲也唱过,只是没有在雪夜中那样的震撼人,清亮清空得让人屏息。

卡耐基实在忍不住往山顶望,冷风吹得他直打战。他身上还是那件旧夹克,因为农场总是歉收,父母没钱给他买新衣服。玛丽维尔的星空清晰明朗,如水洗过一般。只见群星下,山顶的小木屋里竟亮着灯,这可是前所未有的事。难道父亲在小木屋里?但天太黑了,他没敢去小木屋一探究竟。

夜里,卡耐基却怎么也睡不着,那缥缈的歌声如妖风一样扫得他心神不安。好不容易睡着,却做了个奇怪的梦,梦见山顶小木屋里住着一个大胡子老头、一个黑匣子妖精。大胡子老头天文地理都知道,黑匣子妖精不知是男是女,会说人话,会画蒂比像。他们是神奇的一对,农场的每个人都在谈论。

从前他的梦与感觉都很灵验的。昨天他都与哥哥莫里夫顿打赌,橘子园某棵树上某地方有个金黄硕大的橘子,冬天了,橘子早收获,哪里还有橘子挂在某棵树上呢?莫里夫顿怎么也不相信。卡耐基就说:若我赢了,一个星期该你把猪食。果真他赢了,一个星期不用把猪食了。

一大早,他又与莫里夫顿打赌,说父亲山顶小木屋里住着一个大胡子老头、一个黑匣子妖精。莫里夫顿才不相信，只是这次他没什么好跟卡耐基赌的了。因为没有一次不输，卡耐基不大喜欢愚蠢胆小的哥哥，做什么趣事儿从来都撇开他。这会儿他要上山，把奶牛交给哥哥照看，才不得不告诉他：我去山顶看看，奶牛交给你。说着就上山去了。

进小木屋时，路却被大胡子老头的侍卫——一把锁挡住了，这小木屋从来都没上过锁，真郁闷，难道父亲把山卖给别人了吗？为什么会有人住在小木屋里呢？他们果真是妖精？还是我的梦呢？

第二天一大早，他又忙着往山顶跑。玛丽维尔的冬天，早晨很冷。腾腾的晨雾结成了冰，在天地间闪烁着一团团寒气。小木屋门前仍是一把锁，一切都被关在屋里面，一点都看不见。里面还是父亲的书吗？为什么锁着？他等待着，在那山顶玩了一整天，直到太阳西下，也没见到什么异样。山坡与山顶的野樱桃、小蔷薇早枯萎了，才不如父亲念的一首诗里，显得那样羞怯而惊险：

蔷薇，蔷薇，红蔷薇，
荒野的小蔷薇。
野蛮少年去采她，
蔷薇自卫去刺他，
她徒然含悲忍泪，
还是遭到采折。
蔷薇，蔷薇，红蔷薇，
荒野的小蔷薇。

他不知道这诗的含义,却感觉这诗写得绝好。因为那念起来的节奏与韵味无限享受。难怪父亲与哥哥都想当诗人,诗念起来真好,能让人产生某种身临其境的感觉。他边念边蹦跳着下了山,把山顶小木屋里的秘密忘却了。

可是每到夜晚圣歌照样响起,小木屋的门白天照常锁着,这实在是件神秘的事儿。或许这小木屋里真住着一个精灵呢,它没有鼻子、眼睛、嘴巴,唱的歌曲是《泥娃娃》,一个泥娃娃,没有鼻子,没有眼睛,也没有嘴巴……

这天,他实在忍不住问父亲:山顶小木屋里是什么?为什么锁着?夜晚,小木屋里为什么会传出圣歌呢?

哦?是吗?父亲惊讶地望着他,又连哦了两声:想起来了,小木屋租给索德先生了,一位教师,来农场玫瑰园小学视察的。

他带了一个侍卫吗?

侍卫?不知道,你看见他的侍卫了吗?

没有,我梦见他的侍卫变成了一把大锁,将我阻挡在小木屋门外。

啊,那可是奇妙的事儿,今晚我带你去拜见索德先生吧,看他到底有没有侍卫。

真的吗?卡耐基高兴极了,又问,他是音乐老师吗?每晚要唱歌?

不知道,或许是吧,他白天调研,晚上才回来。

哦,难怪,白天我守了好几天,没见任何异样。

傍晚,卡耐基早早把牛收进栏,把猪喂好,洗完澡,穿着那件蓝色的破夹克,等待父亲回来带他去拜见索德先生。

这年,他们家喂养了一批肉牛,希望以此改变家里的生活状况,走出困境。没想到其他农场主都喂养了肉牛,肉牛价格一下跌了五成,结果不仅没赚钱,还亏了本。全家人已经连续两年没买新衣服了。

那件夹克的确一点儿都不热乎,玛丽维尔大雪纷飞,把102 号河掩埋在一片白色中,卡耐基冻得像筛糠一样抖。然而他的内心还是喜欢冬天,虽没有樱桃吃,没有盛开妩媚的小蔷薇,但也没有 102 号河河水泛滥的恐惧,这足够幸福了。102 号河的泛滥脾气,几乎使他们每个夏末都在惊恐中度过。在那冬野的雪地里,山上的嘹亮歌声怎能不充满诱惑?

他想尽快见到索德先生。他是个什么样的人?他真是梦中的那个大胡子妖精吗?

山顶一片浩瀚洁白,歌声显得格外清凉,如一股妖风在山谷回荡。白雪映照下的小木屋像一座圣洁的城堡。他还从来没发现小木屋会像今天这样庄严神圣。"城堡"里有巫师吗?102 号河在山脚下静默了,难道它也在倾听这诱人的歌声?

卡耐基觉得歌声如魔法般钻进心里,似乎要把生命中的某种汁质给吸出来。那声音定是从妖精黑匣子里吐出来的,否则不会这么诱人。

宁静清旷的夜晚,踩在山坡雪地上的脚步声,如蛤蟆的喘息。这声响与那声响相比真是天壤之别,但又有某种相似之处,那就是它们都是从生灵最真诚处发出的。他们的脚步在小木屋门前停下,卡耐基渴望的、神奇的一幕发生了。

吱嘎一声,门打开了。在白雪映照下,淡黄灯光的扫射下,一个雪白大胡子的老头,满脸谦和地出现了,他对他们微笑着,迎他们进了小木屋。

卡耐基端详了好久,这老头与他梦见的白胡子老头相差无几,里面果真还有一个四方四正的黑匣子。难道它就是梦中的会说话、会绘画的黑匣子妖精?尽管那时卡耐基根本还不懂所谓的气质与内涵,但从大胡子老头的言行举止上他感到了某种内在的魔力,那就是气质与内涵。大胡子老头就是索德先生,黑匣子却是台打字机。

卡耐基长这么大,还从没见过像大胡子先生那么健谈风趣的人,也从未见过会说话的打字机。其实说话在这世界还有另外一种方式,不一定都得用嘴,譬如打字机,把想说的写成文章发表公布,用纸打出来,也是说话了。卡耐基第一次发现这个新鲜的黑家伙,不知有多兴奋,非要上去用它说说话。可索德先生说:你不认识字,怎么说话,要想用它说话,先学好拉丁文吧。第一次,卡耐基觉得文字语言的重要,文字原来也有生命,要说话,先得将其融进血液灵魂中。这真是太奇妙了,他为自己突然感悟到这些而感动,原来那歌声之所以拥有魔力,是因为索德先生在用灵魂唱,因102号河畔静寂的山、淳朴的人、奔流的水而感动地歌唱。

那声音每天都在山谷、田野、夜空回荡,也回荡在卡耐基小小的心灵上。

无论大胡子先生是妖魔还是鬼怪,还是真如父亲所说的教师,卡耐基都喜欢他。他是完全不同于农场的人,他的话总透着种神秘深奥,那是卡耐基从未接触到的世界。卡耐基张大着嘴巴呼吸，睁大着眼睛观看。小木屋里增加了好多神奇的书，比如心理学、分析学、哲学、社会学……

索德先生真博学。卡耐基希望自己长大后，也像索德先生一样博学。那是个浩瀚的海洋，宽阔蔚蓝，无边无际，他从未到达过。那是灵魂的航行。

卡耐基从见过索德先生后，就开始变得好学文雅了，也更加勤快。

卡耐基每天早早地替父亲照料好牛与猪，就马不停蹄地跑到山顶，等待索德先生回来，好让他进屋学习打字，练习默写当天学习的拉丁文。因为索德先生说，等到卡耐基上大学，他就可以教他，他本是瓦伦斯堡师范大学的教师。瓦伦斯堡师范大学，卡耐基记住了那个名字，立志长大了一定要上瓦伦斯堡大学，却不知道索德先生是为逗他开心，随便开的一个玩笑。

索德先生非常喜欢他，每天把他抱在腿上教他学打字，还说：直觉告诉我，你长大后会是个出色的人。第一次，卡耐基听到直觉这样探知人内心秘密的词，只觉得直觉里别有洞天，或直觉便是打开生命中广阔天空的一把钥匙。

这感觉多么不同，它不仅包括人所接触的外部世界，人内里也还有一个世界，那就是心灵。当卡耐基就直觉这个词想到的告诉索德先生，大胡子索德高兴地跳起来：从心理学的角度来说，是如此……戴尔，你是个心理细密而敏锐的人，以后做人文工作会有大成就。第一次，卡耐基听到心理学三个字，如五雷轰顶，心智大开。他发现了另外一个世界，这个世界不由外部主宰，而是由人的内心控制。这种新发现让他对索德先生佩服得五体投地。

冬去春来，玛丽维尔山顶的雪开始融化，樱桃树开始开花，102 号河水开始温暖地发笑。克洛伊家的小白花狗迪迪也找到了男伴，结婚生子了。新一代的生命在延续，而索德先生却要离开。

那日，玛丽维尔的天空，云彩飘浮，鸟雀飞翔，黑樱桃树的花香在随风飘荡，而山顶小木屋的秘密却被破解了，一老一少清脆的笑声与窃窃私语也随之消失。农场的人们再也听不到那嘹亮的歌声，玛丽维尔独特的风景就消失了。因为在 102 号河桥下，一只船正载着这个秘密的主角离开。

很多年后，卡耐基都没有忘记索德先生，仍旧记得这个小木屋，致使后来他上了瓦伦斯堡师范大学，还憧憬着再次遇到索德先生，做他的学生，可是索德先生再也没有出现。卡耐基每次想起童年的那段经历都觉得如梦境一般。索德先生开启了他的心理大门，那里包含的东西太多，他一辈子都在领悟。

阅读思考

① 小卡耐基的母亲为何如此痛恨“酒”？

② 你怎样理解“人外有人，天外有天”这句话？

第三章　玫瑰园逸事

长高的代价

卡耐基就此告别了懵懂的童年，走进了学堂。

距农场不远处有所小学，叫玫瑰园。别看它有这么个诗意的名字，实际上一点都不诗意。一间四面透风的教室和几十张吱嘎作响的桌椅板凳。四周荒草连天，百鸟齐鸣，百虫齐飞。学生也都是玛丽维尔人家的孩子，如山姆·怀特、莫德兄弟等，包括卡耐基，占了班上三分之一的成员。

学校设施非常差，冬天就一个火炉。北风一吹，破教室就像风洞，冻得他浑身直打哆嗦。他还是没新衣服穿，鞋子也破了，踩在地上，雪灌了进去，脚冻得像包子，吃饭只能用笔筒。中国古时有句俗话：英雄每多屠狗辈，百无一用是书生。此话用到卡耐基身上很合适。可又能怎么办呢？父亲的农场总歉收。幸得父亲是豁达的人，否则连上学都困难。

熟悉的同学里，也没什么特别好玩的。山姆原就喜欢取笑他的招风耳，现在照常，莫德兄弟每天放学后，还是一样去102号河畔捉鱼摸虾，没把读书当回事。但卡耐基就不同，从生下那天起，母亲伊丽莎白就对他寄予厚望，希望他将来能成为一个教员，做一个优雅博学的人。

可卡耐基家的经济条件有限，再加上他本身瘦小沉默，基本上，在玫瑰园里可忽略不计。哪里像高年级的赫蒙·克洛伊，因为家庭富裕，自身又高大英俊，几乎成了玫瑰园的名人。连刚进学校的小女生都以结识他为荣，纷纷翘着小嘴唇，睁着大眼睛，在那布满荒草的小路上张望。

小卡耐基实在有些不服气，于是他从家里找了一个罐子，早早地来到学校，钻进荒草丛，找了一罐子小虫子。等到放学后，那些小女生在路上张望克洛伊的时候，把一罐子的小虫子全泼在小路上。小虫子绿盈盈、嫩滑滑地在地上爬呀爬呀，吓得小女生们一个个尖叫起来。这可把卡耐基乐坏了，他一路哼唱着圣歌，高兴地回家了。心底从未有的爽气。自此，小女生们就再不敢在那小路上张望克洛伊了。

但克洛伊是学校的销售大王，这可不是小卡耐基能改变的。克洛伊因推销《巴克》杂志，达到惊人的销售量而闻名四方，而且还写得一手好文章，几乎每次校刊上都有他的诗歌与小说。

比他大五岁的克洛伊，有着完全不同于乡人的斯文，博学而文质彬彬。卡耐基心中既妒忌又仰慕，希望接近他而又害怕。

每天见到邻居的大个头山姆·怀特,像跟屁虫一样得意地跟在克洛伊身后,卡耐基就特别郁闷。山姆凭着大个头自告奋勇地给克洛伊当保镖,并对卡耐基的招风耳与小个头讥笑不已。卡耐基感到非常痛苦,第一次感到自卑。有一次他实在忍不住骂了山姆,他认为山姆粗俗、贫穷,根本不配跟在王子一般的克洛伊的身后,还狐假虎威地骂他招风耳、小矮子,其实他才是憨吃憨长得像猪呢。山姆恼羞成怒,扬言要剪掉他的招风耳,揍扁他这个小矮子。

卡耐基吓坏了,生怕自己的大耳朵被剪掉。忧郁惶恐得不敢与他碰面,几个夜晚不敢睡觉,总是梦见自己的耳朵被他剪得鲜血淋淋。几次从梦中尖叫着惊醒,一摸,还好,耳朵还在。说实在的,他很羡慕山姆的大个头,很渴望克洛伊的英俊才气。尽管一时半会儿他学不来克洛伊的才气,但能快点长高大些也好。

有天放学回家,他看见母亲在菜园忙活,便跑去帮忙。母亲见他闷闷不乐的,就问:大耳,我的儿子,有什么心事吗?卡耐基回答:妈妈,山姆为何长得那样高大?为什么我老长不高呢?山姆总是取笑我是个长不大的小矮子。那时他已小学三年级了,个头只有一米一,的确矮了点。母亲就安慰他说:你年岁还小,山姆、克洛伊都比你大,长那么高是正常的,等你长大了,也会长高的,比山姆还会高些。

可卡耐基不大相信母亲的话,为了很快地长高长大,他做了件非常愚蠢的事。在他的一篇习作里清晰地记叙了这件事,那篇习作名叫《长高的代价》。这也是他未来在瓦伦斯堡师范大学演讲冠军得奖作品《童年的记忆》里的片段。

长高的代价

打出生到现在三年级了,谁都欺负过我,有的甚至戏弄我,说我是个永远长不高的小矮子。本来我就有对大耳朵,被人取笑得够多了。这回又被人家取笑矮个头,实在是很令人伤心的。我是多么想成为一个高个头,好威风几下。可是读到三年级才一米一,矮得不能再矮了。我是多么希望成为高个头。为了成为高个头,我曾经干过一件自己想来都好笑,且非常愚蠢的事。

记得在一个双休日郁闷地回家,看见妈妈在菜园给菜儿们浇水,菜儿们尽情地喝着像牛奶般的水,喝水的菜儿们好像在说:喝了水,有了水,就可快快长高长大。想到这里,我不由得流下泪水。我去了又回来,这样往返几回,妈妈都不知道我怎么了。那天我因为不高兴,而没帮妈妈干活。又是一个双休日,我又被山姆取笑了一回,不是大耳朵,而是小个头。他骂我是个长不大的金猪猡,真郁闷。

我回家扔下书包,看见妈妈在菜园里,于是来到菜园,想帮妈妈干点活。

妈妈说:你就到菜园除草吧。

我看了看周围,上周末,妈妈给浇水的菜儿们哪里去了?因为我只看见脚前有一片长得高高的菜。着急地问:妈妈,你上次浇水的菜儿们,哪去了?

它们在你脚前。

向下一看，眼前的菜这么高大，怎么会是上次浇水的菜儿们？

妈妈好像知道我的心思，就说：它们长高长大了。

它们长得这么快？

给它们浇水了，当然长得快。

人浇水长得高、长得快吗？

妈妈见我这一问，高兴地说：当然可以。

我那时不知道妈妈只是为了让我高兴，才那样说的。

又一个双休日，爸妈都在农场忙。我想这是个好机会，于是把一个盒子装满了水。准备浇在身上。可天气变坏了，时令已经是冬天，水好冷，我有点不想倒。可是为了长高，管不了那么多了。想到水浇下去就可以长高，于是毫不犹豫地，大盒大盒地往身上倒。连续倒了几大盒冷水，心想，这次我一定长得很高很大了。可是等了几个小时，我还是没长高。我渐渐沉睡了。不知睡了多久，终于醒来，看见妈妈在我身边。

我问：妈妈，我长高了吗？我是不是长很高了？

妈妈说：人浇水是不会长高的，你把自己浇感冒了，我的孩子。

我很难过地又流下了泪水。不过妈妈鼓励我不要灰心，长大了，就一定会长高的。

我终于明白了，人不是靠吃什么、喝什么东西，就突然长高的。妈妈还告诉我，不要太在意别人的看法，你是独特的，你就是你，世界上永远只有一个卡耐基。妈妈的话让我豁然开朗，很是欣慰。

因为这次浇水事件，卡耐基高烧了一个星期，没上学。再上学，玫瑰园的同学每次碰见，都会就此取笑他一通。而实际上卡耐基个头仍小，没长高。但克洛伊没有再取笑他，还主动地到他家来，与他交朋友，且叫山姆一起来，和解了他与山姆之间永久的矛盾。山姆自此再也不取笑他的招风耳和小个子了。他在玫瑰园的时光才算真正的不那么难过，呈现出一片光来。那是因为他内心已不那么在意别人的看法，闪烁出自信的光芒来。克洛伊也成了他终生的朋友，对他未来的事业起到了很大的推进作用。只是这自信的光芒并未闪烁多久，就暗淡了。

102 号河畔的忧郁少年

在卡耐基自感精神比较轻松开阔的时候，他生命里发生了两件非常不寻常的大事。

1898 年，他 10 岁那年，恰也是 102 号河水泛滥最厉害的一年。农作物都被毁了，农舍也被淹没了。从农场房屋架船到堤道去，只见水面漂浮着田间的樱桃瓜果，漂浮着农家干活的农具、家什……鸡鸭到处飞逃，好不凄凉。玛丽维尔的鸟们也被赶上树梢，在水中凄婉地鸣叫。黑色忧郁的樱桃酒，也已无人问津。孩子们却拿着钓鱼竿，坐在堤道边钓鱼，这深沉隐藏的悲哀，他们还不曾体会。

清晨的太阳透过薄薄的晨雾，慢慢倾洒在玛丽维尔镇。102 号河畔早有妇人孩子在洗脸、漱口。宽大无垠的 102 号河一下子膨胀了许多，漫满了村庄与堤道，成了人们的脸盆、脚盆、洗衣盆。卡耐基站在堤道上，望着那情形，一时恍惚：我这是在哪呢？但看见不远处的山姆，才知是在家乡玛丽维尔，102 号河畔。不过这时的河畔已不存在了，被 102 号河水吞没了。

山姆像个永远长不大的快活孩子，在高高的谷垛玩耍，边玩边对他母亲喊：妈妈，起床了，别人都起来了。堤上堆满了农人收割起来的稻谷。有些农家没来得及收割的稻田完全淹没在洪水里，人们只有望水兴叹。可山姆的母亲却躺着起不来，贫困与灾难已把她压垮了，山姆的母亲已病了多日，可他还不知道。太阳慢慢呈现金黄，透着一股强劲，照在身上有点热。山顶与堤道被太阳赤裸裸地晒着，没有一点荫，竹床一会儿也被晒得发热。有人不断地把牛、羊、猪牵到堤那头去，还有人仍在不停地钉棚子，为猪钉，为牛钉，为自家的粮食钉。两边的大水根本影响不了他们干活的热情，也影响不了孩子们的争强好胜。

卡耐基带着山姆和莫德兄弟在 102 号河边洗脸、爬山，聚集在山顶的小木屋里，商议着大事。眼看这个暑假就将在洪水中度过，怎么玩，真是件重要的事，得选个有智慧的领导。他们规定，谁从窗户往下跳的次数最多，谁就将是他们的领导。

自从索德先生离开小木屋后，这里就成了孩子们的乐园。小木屋空着，越发破旧，加之孩子们的玩耍，门窗都松动了，钉门窗的钉子松动地挂在那里，已是寻常事。

为了这一时刻的到来，卡耐基平日里做了很多训练，赢得领导是正常的。没想最后一跳时，不知是因为得意，还是因为太过紧张兴奋，无法料想的事情发生了……鲜血从他食指流下来，他只感一阵锥心的疼痛，就晕了过去。

原来他在往下跳的过程中，食指的戒指挂在了松动的铁钉上……他的食指被那松动的钉子剐断了。鲜血淋漓，不知流了多久。他觉得自己流了那么多血，肯定要死了，心里不知有多悲伤。最终他没有死，却没了食指，这在他生命中成为了永不磨灭的记忆。

为了这断去的食指，他很自卑。无论是上课排队还是与同学们在一起，他总背着手，害怕伸出手，害怕有人看见他的十指中少了一根。他的心灵也因这残疾的手而有些残疾了，但同时也就是这神圣的一根断指，确定了他在伙伴们面前神圣王者的地位。然而，就他们这样的“愚民”臣服于他，又有什么用呢？他要征服的是整个世界。

102 号河水终于退去，村庄恢复了平静，农人陆续回到家园，开始整治农场与家务。房屋毁坏的整理房屋，农田露出水面的，早些耕种。鸟雀仍旧频频飞来，只是再也寻不着樱桃果了。猪、狗、牛、羊仍在农场的草地上呼朋唤友，只是没有那肥美的牧草吃。102 号河水仍旧奔腾，却早隐藏起那副凶恶的面孔。

但 102 号河的泛滥，使玛丽维尔农场遭受了巨大损失，损失的不仅是财产，还有人命。每次 102 号河水泛滥，都会使一些固执而精神困顿的老农，产生一些不现实的幻想，幻想水里有无数美景，使他们向前扑去，正是在扑去那美景的途中，丧失了性命。

山姆的母亲很干瘦，摘樱桃都怕被风吹倒。可她却每天坚持到田间摘樱桃，种玉米。夕阳西下，山姆的家，还因母亲的存在而充满温馨与饭香。人不知道这静谧黄昏中潜在的危机，山姆的母亲对世人隐藏了这份危机。山姆的父亲也瘦得皮包骨头，但精神还好，背还挺直。尽管在挤牛奶的过程中，咳嗽几乎没有停止地袭击他，他依然健步如飞，并未因激烈的咳嗽影响干活的热情。尽管很多年前，大家就已分辨不出他的年岁，从前到现在永远都是那样，穿着老土破旧的、灰色的单夹衣，头发花白。但习惯成自然，多年过去，玛丽维尔的农人基本都是这样子，他们在贫困与灾难中挣扎了一年又一年。

102 号河就在堤后，翻过堤去，夕阳映照的辉煌晚景，随着水面反射传播到他们的屋顶。他们家门前的晚霞倒是温暖宁静，透着暧昧的情意，人看不见其间的寒冷。可 102 号河水的疯狂泛滥，使大多数农人都已无法再支撑下去。

山姆的母亲终于倒下了，不再用她那苍白微弱的笑容，撑起他们门前的蓝天。水下去了，他的母亲却没有再起来，在床上枯瘦地死去。山姆失去了母亲，也失去了从前的调皮。那一片温暖的霞光，也再射不到他家的门前。他的大个头似乎也矮小了许多，那故作的调皮与跋扈，原来都是对虚弱的一种掩饰。山姆被迫辍学，出去打工。山姆的父亲老山姆仍在农场支撑那几亩田地，只是背再也不那么挺直了，而且咳嗽严重地侵袭了他，直到他咳得背过气去。他再也没有那分干活的热情，死一般地撑着，不至于倒下。他家的奶牛也因缺乏营养，一头一头地枯死，像他母亲一样。

卡耐基每天上学，看见玛丽维尔的樱花照常开放，鸟雀仍旧含樱在天空飞翔，102 号河畔仍旧被蔷薇花布满，却怎么也高兴不起来。因为这样的情形里，再也见不到山姆的大个头在阳光中得意地行走了，只见老山姆佝偻着背，像老黄牛一样在田间劳作，终有一天也会枯萎死去。这图景深深地刺痛了卡耐基，他但愿同样的灾难，不要降临到他或乡亲们身上。

可灾难还是一样跟随着他们，莫德家的农场因连年歉收而债台高筑，他们的父亲老莫德沉闷老实，是个酒鬼，终不堪债主的逼迫，饮酒自醉，栽进了 102 号河。一江春水东流去，尸身也没捞到个。莫德兄弟也不得不辍学，子承父业，回家打理农场，承担起了那些债务。卡耐基似乎看见了他们终有一天，被债务压垮的样子。

自此，卡耐基被严酷的现实压抑着，开始变得郁郁寡欢，疑神疑鬼。望着从前给他带来无数欢乐的天空河流而困惑

小卡耐基从家里找了一个罐子，早早来到学校，钻进荒草丛，找了一罐子小虫子。等到放学后，把一罐子小虫子全泼在小路上，吓得小女生们一个个尖叫起来。

名家名言

多数人记不住别人的姓名，只是因为他们没有下必要的功夫和精力去记忆，他们给自己找借口：他们太忙。

名家名言

如果希望成为一个善于谈话的人，那就先做一个致意倾听的人。

不解。他不知道人生是否还有另一番天地,人生是否就永远只有挣扎的痛苦与永不休止的折磨。102号河水的泛滥是否永不止?他们的家是否永远不得安宁,他们是否得在这片土地上,永远耕种、永远贫穷下去,在困苦中度过一辈子?

一次他帮母亲种樱桃,因为洪水将农场的樱桃都淹没了,果园要重新播种。望着天空中飞翔的小鸟与撒下的樱桃种子,突然哭起来。母亲吓坏了,直问他怎么了?他回答:妈妈,我害怕自己会像这樱桃种子一样被活活埋进泥土,永不得超生了。母亲觉得卡耐基的想法很奇怪,就安慰他说:樱桃种子被埋进泥土,才会生根发芽,开花结果啊。人都有生老病死,谁也免不了被埋入泥土的命运,那样他才得以有重生的机会,有什么好害怕的呢。卡耐基听了母亲的话,明白了许多,不再为种子埋进泥土而感伤了。

可他内心还是有很多忧郁,见到这个世界的每一件物体都敏感。譬如,见到天空飞翔的小鸟,就害怕它们找不到夜歇的树梢,被冰雪冻死;每当打雷下雨,他就害怕被雷劈死;每当想起小时被雷劈死的小狗蒂比,就会哭泣;还有,密苏里州的沙尘暴来临了,就害怕农场的一切被埋进风沙里,他与父母乡亲就永远失去了家,或者连

他们一起埋葬在沙尘里，沙尘暴残酷地毁灭了整个人类。

他的内心总是无端的悲切。

他依旧喜欢摘樱桃、香蕉，喜欢看牛喂猪，喜欢站在奔腾的102号河畔，望着天空飞翔的小鸟，可他却不再歌唱，而是忧郁地叹息。他不知道人间最温暖迷人的地方在哪，今生可是寻得到？因为无论他们怎样地辛勤劳作，似乎并不能解决贫困问题。102号河的泛滥使乡亲失去了多少财富与生命呢？可人们对于自然的灾害却无能为力。卡耐基每天看见昔日的伙伴在风沙河里拼搏，害怕他们终将有一天，也会因没粮食吃而饿死。

一个人要想到达山峰，没有足够的体力与智力是不行的。因为高山之巅美景固然好，却很寒冷，远望它是那般可亲可攀，而山路的崎岖却是一如既往，山背后藏着什么，仍让人充满遐想。想要到达山峰，首先必须解除饥饿。这是个双重的指向，不仅包括物质，还包括精神。

密苏里州的沙尘暴，102号河水的泛滥，家庭的贫困，食指的残疾，山姆的离乡，莫德兄弟的沉沦……都使得日渐长大的卡耐基变得忧郁沉默。站在奔流不息的102号河流的那一个忧郁少年，在内心暗暗发誓，长大后，一定要走出玛丽维尔，为乡亲或自己寻一条解除饥饿与贫困，走向幸福与富裕的成功之路。

死亡地狱之门

卡耐基比以前更加勤奋而努力。102号河的泛滥淹没了农场的一切,但并没淹没他们父子的雄心斗志,反而增添了他们的雄心与斗志。卡耐基认为,只有勤奋努力地学习或不辞劳苦地工作,才会有好的回报与收成。老卡耐基也这样认为。他认为自己比一般农人多读几年书,当要凭自己的能力走出贫困,终得一家人的富裕幸福生活。他为自己还存在这样的斗志而感动。

第二年,也就是 1899 年,102 号河没有泛滥。老卡耐基吸取从前的教训,不再喂养肉牛,而是喂养了一群骡子,因为农场喂骡子的人少。可是骡子的生长期很长,三年之后,骡子出售了,不但没有赢利,还亏损了。银行的贷款也没减少,相反还增多了。可老卡耐基并不死心,又贷款饲养了一批杜洛克猪。据说杜洛克猪肉口感非常好,大城市里非常好销售。只要长大销售的话,就可赢利。

可杜洛克猪非常不好养,怕寒。一到冬天基本不长肉,还难招呼。可老卡耐基对农事永远管理得不到位,冬天买了十几头杜洛克母猪配了种,下了几窝小杜洛克猪崽,还把照看猪崽的任务,交给 11 岁的卡耐基。

那时卡耐基读初中,学校离家有点远。每天早晨 6 点,他就爬起来学拉丁文,然后喂完猪食去学校,中午他还得从学校赶回来,给猪喂一餐中食。晚上放学回家后,再喂夜食。夜间睡到凌晨 3 点,还要起来给猪喂一餐热食。因为冬天气温实在太低,猪们要靠食物积温以抵御寒冷。猪栏门前设有火炉,他即使睡着,也得操心火炉是否燃着。否则猪们受了风寒,会死掉的。

卡耐基精心喂养着这些猪的同时，也没耽误学习。他愿意为父亲承担些家务，也认为自己应该承担。他认为只有努力学习，成绩好，事务干得好，这样境遇窘迫的父母亲才会有些安慰。的确，他们已经没有什么值得安慰的了，父母看见小卡耐基如此懂事好学，内心非常欣慰。

在卡耐基的日记里写道：家庭境遇的每况愈下，一年不如一年，父亲的身体也每况愈下，唯有我好好学习，艰苦劳动，才是他们唯一的安慰，唯一的希望之光。而哥哥莫里夫顿，性子比从前更懦弱，整个模样就如惊弓之鸟，做得来什么呢。怎么指望得上？他早被贫困压倒了。父亲一说起莫里夫顿就叹息，不知道他今后长大了，该怎么办？能不能娶个老婆，成个家？

可冬夜3点的农场，里外都冒着寒气，冰雪下的玛丽维尔一片静穆的庄严，它已不识人间的艰辛苦难，102号河也不再奔流，被冰冷的寒气笼罩了。可卡耐基每天这个时候，都要从温暖的被窝里爬出来，头顶那清寂冰冷的天，在那滚滚寒气中，给猪们喂食。他身上仍是那件蓝色破夹克，不起任何御寒的作用，只不过是为了遮丑吧，可实际上连丑都遮不了。

以前在玫瑰园，同学们还为这件破夹克取笑过他。数学老师把他叫到黑板前演算一道题，忽闻背后传来阵阵窃笑，且笑声越来越大，最后成了哄堂大笑。无论老师怎样阻止都无济于事。卡耐基尴尬地回到座位，才发现自己夹克背后的破裂处别着朵小玫瑰花，旁边贴了张纸条，写着：我爱你，瑞德杰克先生。在英语中，瑞德杰克就是破夹克的谐音。

这件事尽管过去了几年,但卡耐基还十分清晰地记得它对他心灵的打击。回到家,他满怀委屈地对母亲说:妈妈,我不想上学了。伊丽莎白惊讶地问:宝贝,怎么了?因为同学们都笑话我的破衣服,我根本没心思听课做作业。母亲抚摸着他的头说:孩子,那你更应该好好学习,用好成绩来证明自己,至于衣服,等秋天田间地里有了收成,一定给你买件新的,有什么值得烦恼的呢?听着母亲的话,卡耐基的心开阔了些。可是几年过去了,他家的农场不仅没有丰收,还欠债更多,哪里有钱买新衣服呢?可今儿这破夹克真的要扔了,因为它,卡耐基差点冻死了。

本来卡耐基体质就不好,小时候常生病,现在长大些,病因为坚忍的意志而消失。可这夜寒三更的沁着风雪寒冷,一天里还好,几个月,怎受得了?不要说是小孩子,就是大人也难熬。

终于,卡耐基病倒了,高烧到40度,整天说胡话。这是他第二次高烧,第二次靠近死亡。他感觉心焦口燥,呼吸苦难。蒂比那欢快乱蹦的影子在眼前闪啊闪啊,他便来到了一扇冰冷的大门前。一个小鬼带他进去,突然他抬头一看,吓得从床上蹦了起来。原来那门上写着:死亡地狱之门。他才不要这么早死呢,他还有那么多梦想没有现实,他要活着,把父母乡亲带出玛丽维尔的贫困。他拼命挣扎着、叫喊着,母亲来到他身边,把他抱在怀里轻柔地唱着圣歌:和平呀和平,温馨的和平,神所赐予我们的和平,在无尽的爱的大海中,永远地满足了我们的心灵!

母亲温暖的怀抱与轻柔的歌声，安定了他的灵魂，卡耐基睡着了。梦里有美酒咖啡、阳光河流，有梦想的花在结果，他们有了新家、新农场，还有很多的钱，一家人平静快乐地生活着。可突然一阵飓风卷来，一切美景都没了，他被飓风卷入了高空，下不来，他被裹在飓风旋涡里，透不过气。他使劲地挣扎、哭喊，可上天一片浩渺，无边无际，他悬在高空飓风中，将掩埋生命。醒来，母亲仍在身边，灯光好温暖，母亲的脸好宁静，她在向上天祈祷，祈祷生命之神给予她儿子生命，祈祷苦难之神给予她乡亲家人带走苦难，祈祷将平安给予整个人类。母亲总是这样安静伟大，用卑微的生命撑开一片蓝天，那蓝天里没有风沙，没有102号河泛滥，没有饥饿眼泪，没有恐惧悲伤，只有一片静谧。白云在那飘浮，花儿在那呼吸成长、开花结果，生命之花在那愉悦地盛放。可是卡耐基望着母亲，哭了。

母亲温和地望着他的泪眼问：大耳，我的儿子，因什么而这样伤心落泪呢？

卡耐基抽泣着说：妈妈，我梦见飓风把我吹走了，我是否将要死亡，离开你们了呢？妈妈，我不想离开你们，我不要住在飓风里，那里一片漆黑，太深、太恐怖了。卡耐基在飓风中挣扎了许久，感知那是个黑暗的深渊，隔绝了这人世间的一切光亮。他不要那样孤独地、黑暗地死去，哪怕即将死亡，他也要拥有玛丽维尔，102号河畔的一坡黄土，与农场樱桃园的樱桃或阳光为伴。

母亲伊丽莎白紧紧抱住卡耐基，听他凄切悲伤地呼唤妈妈,也哭了。她知道卡耐基内心隐藏的是对生命的无常、生活的不定的恐惧,那个飓风旋涡,便是他所处的困苦现实。他之所以飞上天空,是为了摆脱这个困苦现实,可那飓风却紧裹着他,让他无法逃脱。

母亲伊丽莎白安慰卡耐基说:大耳,我的儿子,你看那天空终有彩虹,乌云终会散去,我的儿子终有天将成为天上的虹。这个梦告诉你,你是巨龙,你将登上山巅,仰望最高的天空。放心吧,睡着了,梦里就有粮食美酒,有新的、你向往的一切。

卡耐基听到母亲梦呓般的话语,真的静静地睡着了。睡梦中,他有了他想要的一切。鲜花,掌声,成功,财富,那死亡地狱之门换成了希望之门。

他渴望成功,渴望财富,做梦都想。因为它们是让他摆脱今生最切实痛苦的途径。他将今生为寻找到这条成功财富之路而奋起拼搏。

而现实却一再打击这些满怀美好希望的家庭与人们。在母亲亲切温暖的关怀与照顾下,卡耐基战胜了病魔,恢复了健康。重新活过来的他,身体似乎比从前好多了。天也不那么寒,变暖了,时令已到第二年 4 月。玛丽维尔的大地上又开满了樱桃花,飞满欢快觅食的鸟雀,农人们又忘却了旧痛,在樱桃树下饮酒,喝得烂醉。

卡耐基精心饲养的杜洛克猪也长大了,成了牲畜会上的展览品,并获得了农场的最高饲养奖。老卡耐基将奖牌用白布框好，只要有农人或亲戚来请教或观看，他就叫卡耐基拿出来给大家看。奖牌上的字金光闪闪，似乎闪现的满是金子。他们为杜洛克猪的成功喂养而欢呼、欣慰，等待那幸福美满的时刻来临。因为只要等猪崽儿出栏，他们就可还清所有债务，存下些钱，轻松地过活，不用再过那种负债累累的沉重日子了。卡耐基也非常高兴地开始想象自己有钱了，该做些什么。

可天有不测风云，人生向来就充满玄机。幸福总是难以捕捉，苦难却会紧紧相随。这或许就是“人类走过苦难才是真正的幸福”这样的至理名言流行的真正原因。

历年来，102 号河的泛滥，那些腐烂的动物的尸首，已使玛丽维尔的空气不那么健康。玛丽维尔的森林都被摧毁，已经吸收稀释不了那陈腐的气味。新栽的树木还没成林。大灾之后的玛丽维尔发生了有史以来最大的瘟疫。玛丽维尔人将再次面临死亡的威胁。好多人家又得倾家荡产、流离失所。为什么灾难总不放过这些贫困却勤奋的苦难人呢？

卡耐基亲眼目睹自己喂养长大的猪崽儿一头头死去。每个阳光普照的清晨，卡耐基都早早起床，打开猪栏，将猪们赶到空旷的樱桃林呼吸新鲜空气。那样或许会增强它们抵御瘟疫的能力。可猪们还是在阳光下，一头头衰弱下去，嘴巴起泡，变乌，然后就在一个不知晴朗还是下雨的天里，死去了。

有个别不想死的猪，挣扎着活着，慢慢走到田间玉米地里，像个孤魂野鬼在夜间的田地号叫，声音那么强烈，又那么衰弱。它在呼喊生命，呼喊活着。第二日清晨，人们就发现一个瘦骨嶙峋的影子，它仍在田间游荡着，只是呼喊的声音不那么热烈，嗯嗯嗯地如游丝样地低哼，最终是死是活，也不知道。

许多天过去了，人们在野地里拾到了一头精神不大好的半大不小的猪崽，或许就是它吧。它没有死，活下来了，身躯却比从前更瘦小。苍天露地与阳光普照，挽救了它的生命，抵御了瘟疫。它活下来了，却更孤独，找不到伙伴，也找不到家。它已忘却自己来自哪里，又将去哪里。在一个并不被人知的夜间，误上了 102 号河上的桥，掉进河里淹死了。被农人捡起来，想吃，又扔了。毕竟前不久，玛丽维尔发生了瘟疫，谁敢吃被淹死的猪的肉呢？

玛丽维尔的清晨，再也没有樱桃营造的迷人风情，空地的黑樱桃林再也营造不出那一片梦境。黑樱桃林下，再也没有葡萄酒的醉人香味，以及那饮醉了酒歇息的老农。有的只是因瘟疫死去的猪们、牛们，被烧焦的尸体掩埋的煳味与灰。

卡耐基又一次亲临了死亡，死亡地狱之门里原是那么的阴森恐怖，让本有些忧郁的卡耐基更忧郁。

他时常站在 102 号河畔，望着远处农场的家，叹息。他还是一样到菜园跟母亲帮忙种菜，跟母亲一同摘樱桃，与父亲一同挤牛奶，只是那都不是他无意识地快乐地干活了。他很怀念与蒂比同在蓝天下生活的快乐时光，怀念那首《虫虫飞》，怀念山顶小木屋里与索德先生度过的秘密岁月，甚至山姆骂他招风耳、小矮子的岁月。这些并不美好的岁月，都成为他心目中最美好的记忆。只是现今的一切,只在一日日的冰寒中。等待他的,还会有些什么冰寒呢?

102号河桥上影

养杜洛克猪失败后,老卡耐基明显老了。高大的身躯也跟病猪一样变小了。他没有获得财富与梦想中的生活,反而欠了一屁股债。农场的房屋与田亩都被抵押,贷款到期了也没有钱还。但老卡耐基不是那么容易被打倒的。为了孩子们的幸福生活,他豁出去了,又买了头公驴喂养。公驴可给周边农场的母驴配种,还可拉车、耕地。最重要的是可以配种,隔天配一次,或一天配一次,每配一次就可得到几美分的报酬。只要公驴健壮,没有不挣钱的道理。现在老卡耐基已不想发财,只想挣些钱,维持一家人的生活。

可上天实在太不长眼睛了,或许上天为了造就某个人,就得制造某种特殊的环境,让他磨炼成长。卡耐基若不是出生在这样的家庭,也就不会有将来的成就了。正如他今后坦然说到自己那根断掉的食指一样:

在漫长的岁月中,你我一定会碰上一些令人不快的情况,它们既是这样,就不可能是别的样。但我们也可以有所选择,可以把它们当做一种不可回避的情况加以接受,并且适应它。如果老是怨天尤人,就会毁了我们的生活,甚至最后可能会弄得自己精神崩溃。

老卡耐基却没有摆脱这种精神纠缠，被残酷的现实吞噬了，几乎达到了精神崩溃的临界点。

公驴在老卡耐基精心的调教与饲养下，长得油光水滑，貌美健壮。有一天跑到谷仓的木板上，没承想木板松了，被强壮的公驴一踩，另一头翻了起来，正好打到公驴的肚子上，这一打，便要了公驴的命。只见它肚子上鲜血直流，哼了一声，喘了几口粗气，就不动弹了。老卡耐基惊呆了，他不知道为什么一块木板下去竟要了公驴的命。原来木板上有一颗长长的螺钉，它不偏不倚地扎进了公驴的肚子，肠子当场都流出来了。

老卡耐基实在受不了这接二连三的打击，他那原本明亮坚定的目光黯然如死灰一般，沉默得像个木瓜。整天愁苦着脸，神志似乎都不清了。站在猪栏前，一站就是半天，来到奶牛前，一望它们，也是半天，他在寻找从前在它们身上所享受到的快乐时光吗？只是那时光一分一秒都不曾有过。他彻底垮了，望着奔流不息的 102 号河沉默不语，似在思考什么，又似不曾进行任何思索。荒芜的山顶上，破旧的小木屋，广阔的田野里，再也听不见他念“红了樱桃，绿了芭蕉”的诗了。

母亲伊丽莎白非常担心老卡耐基的状态，每次他出门，都交代小卡耐基跟着，生怕他做什么傻事。这种状况维持了一段时间，母亲决定带父亲去医院检查。原来父亲得了严重的抑郁症，医生说，他活不过六个月了。

可生活还得继续，老卡耐基尽管精神抑郁，眼神呆滞，神志不清，但债务并不会因此怜惜他。这天，他带着小卡耐基上了玛丽维尔镇，找到了玛丽维尔银行。因为近几天，银行不止一次下达了还款通知。叫他这个星期一定要把贷款还上，否则他们的农场与房屋都将被没收。

老卡耐基苦苦哀求银行老板延期几天，可银行老板也因欠款太多，几乎要破产了，无法宽限。

老卡耐基闷闷不乐地踏上回家的路，望着奔流不息的102号河，走上102号河上桥。站在桥上久久不语，也不离去。

中国有个古老的传说：过了鬼门关，便上一条黄泉路，路上盛开着只见花、不见叶的彼岸花。花叶生生两不见，相念相惜永相失，路尽头有一条忘川河，河上有一座奈何桥。走过奈何桥，有一个望乡台。望乡台边有个孟婆亭，有个叫孟婆的女人守候在那里，给每个经过的路人递上一碗孟婆汤，忘川河边有一块三生石，喝下孟婆汤能让人忘了一切，三生石记载着前世、今生、来世。走过奈何桥，在望乡台上看最后一眼人间，喝杯忘川水煮今生。

这个古老的中国传说道明了人的今生或前生的轮回。

而詹姆斯在这102号河上桥想什么呢？这桥该是他心中的奈何桥？这河该是他心中的忘川河？他在这桥上等着喝孟婆的孟婆汤吗？此梦同彼梦了。他在桥上久久停留，不曾离去。他在想，这条河养育了他的祖辈子孙，养育了这河岸的庄稼农田，可也一样给他们带去了无尽的灾难与苦痛，我该爱它，还是恨它呢？或者我该从这里跳下去？还是从这里回去呢？因为他真的走投无路了，想喝孟婆汤忘却今生一切。

敏锐的卡耐基发现了父亲的反常,轻轻地拽着父亲的手,望着父亲满是沧桑的脸问:爸爸,你在桥上等谁呢?我们回家吧。

老卡耐基被小卡耐基的问话打断了思绪,望着儿子稚气可爱的脸,他平静地说:戴尔,我的儿子,我在等待命运的真实面目,它为什么那么残酷?

卡耐基拽着父亲的手,父亲的手冰冰的。多年前,他拽着父亲的手与那一美分去圣约瑟城时,父亲的手多暖和、多宽厚,父亲的心态多健康。那个美好的星夜,回想起来仿佛是昨天。没想到时间与灾难会将这么健康乐观的人击垮。卡耐基知道那一刻,父亲在与死亡较量、与命运抗争。

自此,老卡耐基的抑郁症就越发厉害。每天从农场到山顶,山顶到家里,这样无数次地往来,一刻不停。有时下雨了,就跑进菜园,数小辣椒开了多少朵小白花儿,然后将小辣椒与花朵儿一起摘下来,一个一个地数着放进篮里。他不知道那些小辣椒与花朵儿摘了,菜园就毁了,再也长不成大辣椒了。父亲病了,像个小孩子,农场的大小事儿都管不了了,还抽烟喝酒。有时望着山顶,突然号哭或唱歌,完全是一个非正常人的行为。一家人的生活重担与精神支撑,就完全落在了母亲伊丽莎白的身上。

母亲伊丽莎白并没因面临的困境而倒下,相反更为坚强。她每天陪父亲到农场劳动,坚持给贫困的孩子捐款,向上帝祷告。伊丽莎白总是微笑着,迎接新一天的太阳,在小屋里欢快地唱圣歌,做早餐,然后叫来他们,对他们说:"孩子们,不要害怕,只要我们勤奋努力,上帝就会给予我们需要的食物。”从她形容里看不出丝毫苦难的样子,苦难也因此远离。

卡耐基每天清晨起来,在饭桌上都会看见自己喜欢的牛奶与蛋糕。每个夜晚,卡耐基都在母亲扑扑剁菜的温暖声响中入睡。母亲白天从教堂回来后,晚上都要为猪们添加猪菜。那扑扑的剁菜声荡漾在清白的月光下,似把整个农场的清寂都搅动了,那一片动荡中洋溢着饭香酒醉,那是父亲抑郁时,饮下了点黑樱桃酒的味儿,它久久飘浮在农场上空,清香又沉迷,哀伤又甜蜜。

那段艰苦的岁月,是母亲伊丽莎白的乐观信念与坚忍不拔的精神为全家擎起了一盏明灯。母亲的微笑就像前行路上的光亮,始终照耀着路途。卡耐基从来没有感觉不幸福或苦难深重;相反,他感觉到了精神世界的一片广阔与旖旎。那是母亲高尚纯净的精神情怀,她高高地照耀着家里的每个人。

卡耐基记得多个星夜,母亲与他一起赶着马车,拉着猪到圣约瑟城去卖。卡耐基百听不厌那马车行走时发出的吱嘎声,更喜欢高大黑色的马车,圆圆的轮子支起他这个少年。喜欢听母亲讲若干年前,她与父亲一同拉车去卖猪的情形。

路途星光灿烂,我与你父亲,一个在前头,一个在后头。前头的说,你使劲地推呀,我拉不动了,后头的说,我用全部的力了,前头的说,拉不上去怎么办?后头的说,我再使把劲吧……突然“咣当”一声，只见马儿悲戚地一声长啸，马车轮子完全陷在泥潭里了。我呼地一下跑到后头，给你父亲一巴掌，你父亲捂着脸，嘤嘤地哭，原来他不是在哭，而是在笑。我的巴掌也不过轻轻的，没有打痛他。天很黑，星光暧昧。我与你父亲在黑暗中等啊等，终于听到模糊的“吱吱嘎嘎”的马车声，原来邻近的老山姆上城了。我与你父亲求他帮我们把车拉起来。我与你父亲拼命地拉呀走呀，天亮时，终于赶到了集市，马蹄子都跑出了一块块血泡。那时的冬天真冷，猪还是珍贵的，一车可卖七八十美分。每次卖过猪后，我跟你父亲都高兴坏了，就到圣约瑟城的中国江西馆喝乌鸡汤，那鸡汤味儿鲜啊……

母亲伊丽莎白讲着，一时哭，一时又笑了。卡耐基的心中充满母亲与父亲高大的身影，充满老马车欢快而沉重的吱嘎声，充满中国江西鸡汤馆的乌鸡汤的香气。他梦想某天能去遥远的中国，看看中国的人民如何美好地生存。而母亲为着那个家，与父亲携手走过了一个又一个冬夜，卖过一车又一车的猪。过了一个又一个艰苦的年，从无怨言，永不放弃。

也许是母亲的诚挚与坚忍感动了上天，也潜移默化影响了老卡耐基，父亲的情绪终于稳定下来。他不再为未来而精神抑郁行坐不安，而是脚踏实地地过好每一天。看看那照耀在 102 号河畔的太阳，看看那漫山遍野的樱桃树，念念那“红了樱桃，绿了芭蕉”的诗，从那抑郁症中一天一天地解脱出来。他们家的经济条件也日渐好转，尽管还贫困，但他们的精神却更加富裕。贫困艰难的家庭生活让卡耐基过早地品尝了生活的艰辛，但父母毫不退缩的勇气让卡耐基有勇气去面对未来的生活，在逆境中探寻一条通往幸福与成功的路。

阅读思考

① 小卡耐基为何对克洛伊既妒忌又仰慕，希望搞定他又害怕？

② 读过《长高的代价》，你有怎样的体会？

卡耐基站在窗前，望着瓦伦斯堡郊外的樱桃树上歇着的一群鸽子。微风吹过，枯黄的樱桃叶便片片飘落，形成一道忧伤的风景。安静的鸽子也被风轻轻掠走。

名家名言

如果你要使别人喜欢你，如果你想他人对你产生兴趣，你注意的一点是：谈论别人感兴趣的事情。

名家名言

在人生的道路上能谦让三分，即能天宽地阔，消除一切困难，解除一切纠葛。

第四章 我的大学与鸽同飞

苦闷的学院生活

1904 年,102 号河发生了特大泛滥,卡耐基一家的生活难以为继,老卡耐基终于做出了一个艰难的决定,举家搬迁。老卡耐基将原来的农场卖掉,加上几年来的积蓄,在密苏里州瓦伦斯堡购买了一块土地,建了新农场,开始了新的生活。同时卡耐基也高中毕业,升到瓦伦斯堡师范学院读书。

卡耐基背负着全家的希望,踏进了瓦伦斯堡师范学院,开始了全新的生活。少时的记忆开始浮现,每次到校,他都寻找着一个人,因为那人曾说他是瓦伦斯堡师范学院的老师,会收他当学生的。这人就是小木屋的秘密主人——大胡子索德先生。只是卡耐基到学校许多天,并没看见他。

同乡的克洛伊却因家境的富裕与自身条件的优越,进了全美第一所新闻大学——密苏里大学。这是卡耐基想来就很羡慕而郁闷的事,他也想进新闻大学,只是他自身条件不允许。这种对照,使卡耐基内心燃起强烈的自尊与财富观念。他认为物质的贫穷同样可怕。他立志今后不仅当个精神上的富翁,也要当个物质上的富翁,成为一个极其成功的人。

但现实的窘迫压制了他的那些想象。他因自己乡下的出身与单薄的身体、矮小的个头、不善言辞和沉默寡言而备受同学们的冷落。他因为承担不起学费,不能住校,每天骑马往返,还要帮父亲打理农场。尽管转到了一个全新的环境,宽敞的学堂,他却不能融入。他不知道怎样与同学们相处,怎样摆脱那孤立的境地。他想改变自己,让人喜欢,想展示自己,征服别人,让自己欢乐,也让别人欢乐,却不知道从何下手。他苦闷极了,他知道自己就是座山峰,想要攀上山峰,首先得攀越自己。可他却不知道如何迈脚。

新环境的落寞使卡耐基不停地想起玛丽维尔,想起玛丽维尔的樱桃林,玛丽维尔的天空与鸟虫,还有102号河……

那是个星期天,卡耐基站在窗前,望着瓦伦斯堡郊外的樱桃树上歇着的一群鸽子。瓦伦斯堡也有人喂鸽子吗?鸽子洁白、恬静、温柔。比起玛丽维尔的可要优雅高贵得多,并非它们品种高贵,而是所落人家的高贵。但瓦伦斯堡的樱桃林,却不及玛丽维尔的丰茂精神,显得有些沧桑。微风吹过,枯黄的樱桃叶便片片飘落,形成一道忧伤的风景。安静的鸽子也被风轻轻掠走,那情形也一样透着无限的忧伤魅力。

只是忙碌的瓦伦斯堡人也如粗糙的玛丽维尔人一样，并没感到如此的魅力，只顾在繁华的街道溜达。时髦的小姐牵着自己的爱狗，一起在黄昏的瓦伦斯堡城溜达。

卡耐基望着窗外，拿出他从玛丽维尔带来的破笛子，吹奏起来。忧伤的笛声惊动了厨房做饭的母亲伊丽莎白。母亲伊丽莎白走进卡耐基房间，问：大耳，我的儿子，你在想什么？吹奏的笛声那样忧伤。卡耐基说：妈妈，我想家。伊丽莎白惊讶地问：大耳，这里不是你的家吗？卡耐基说：妈妈，我想玛丽维尔农场的那个家，想在102号河上漂流。伊丽莎白听了不仅大呼：什么102号河漂流啊？

说到102号河漂流，卡耐基立即兴奋起来，完全摆脱了忧伤：那是我与山姆、莫德兄弟在玛丽维尔的唯一一次冒险……

冒险？什么冒险？伊丽莎白惊恐地问。

我们将102号河下船漂到了102号河中央，回不了岸。他们吓哭了，是我用红色T恤做成旗子，将102号河的渡船老板摇来，把我们运上岸的。

哎呀，怎么从来没听你说起，那可真是冒险，要不得。

就是故意隐瞒的，要是当时说了，妈妈还不被吓死，爸爸也会揍人的。

卡耐基只要说起102号河上漂流，就掩饰不住内心的喜悦与骄傲。

只是如今再也没有那得意的玩伴与冒险了。卡耐基还对母亲伊丽莎白说：妈妈，那时我与山姆他们不仅在小木屋里玩，还在樱桃园玩，我们像鸟雀一样从一棵树尖飞到另一棵树尖,多爽,山姆因为个头大,差点从树尖掉下来,摔成残废呢。

什么?这又是伊丽莎白不知道的一件大事,听了不禁更大声地惊呼:啊,这么大的事,怎么从没听你说起?都瞒着妈妈啊?

卡耐基说:不说啊,说了妈妈会担心死的。

回想起这些,与母亲说说,卡耐基感觉心情开阔了很多,不那么郁闷了。然后他又对伊丽莎白说:妈妈,从前我们住的小屋子多温暖啊。伊丽莎白问:现在的大屋子不温暖吗?卡耐基说:哪里有住了十几年的小屋子温暖啊,还记得您那时总是欢快地唱着圣歌,做好早餐叫我们,对我们说,孩子们,不要害怕,只要勤奋努力,上帝就会给予我们需要的粮食。伊丽莎白说:是啊,这里的家还跟从前一样,妈妈仍在这里。往后你大了,就算还在玛丽维尔,也不会再回去了。这里的家也不会是你永远的家。今后你要在那个大社会立足,拥有自己的人生与家。你要学会在新的环境里快活成长。

是啊。卡耐基怎么不想自己也能在新环境里快乐健康地成长呢?只是他心灵的某角有着死结,打不开。

卡耐基与母亲说着说着,天便黑了。瓦伦斯堡的夜晚,灯光通明,人流不息。新农场的牛羊也怀着思乡的情绪,静默养神,边咀嚼,边叹息。它们也在想念玛丽维尔的牧场与102号河吗?还是想念玛丽维尔樱桃满园的灿烂情形呢?

卡耐基打开课本,在昏暗的油灯下复习功课。

母亲伊丽莎白从厨房出来,端来一杯热牛奶,放在桌上,温柔地望着他笑,边笑边说:妈妈的所有希望都在你身上,大耳,你要发愤读书,不要再想那些不可能的事,在玛丽维尔,我们受的苦够多了,而给你的回忆却如此美好,也许不久的将来,瓦伦斯堡的一切也会是你美好的回忆啊,现今总是困顿,而回忆总是甜美。你会解除困境,步入一个新境界的。

听了母亲的话,卡耐基心情有些开阔欢乐起来,只是想到去学校,还是有些压抑。他认为自己太不起眼了。在学院里,那些校棒球队的运动员,无论走到哪,都会赢得同学们赞佩的目光,还有那些演讲获奖的同学们,走到哪都被包围着,那派头与气势比一线明星差不了多少。而自己不光身体单薄,还没一技之长,怎么吸引同学们呢?虽然大家不再注意他的大耳朵与断手指,而他自己却时刻注意着。只要与人握手或交往,他都背着手。因为素日的沉默寡言,即使有机会与人交谈,他也支支吾吾,做不到落落大方。演讲就更不用说,从来他就没上台演讲过一回。他真是恨死自己了,但他心底却是多么想做个出名的、卓越的人。

母亲见卡耐基眉宇间还有未散去的忧愁,忍不住怜惜地问:大耳,我的儿子,你还有什么没解开的吗?妈妈能给你解开吗?

伊丽莎白知道卡耐基是内心积郁,只要吐出来就好了。于是她让卡耐基停下学习,有什么就都跟她讲出来。开始卡耐基怎么也不肯说,只说没什么。在伊丽莎白一再的询问与引导下,卡耐基终于道出了自己的心声。

那夜,卡耐基说了好多,让做母亲的伊丽莎白心情沉重悲伤。卡耐基的某些话,她一时还消化不了,慢慢体味,却悟出了无限禅意、无限阔达的境界。

卡耐基的心智的确非同一般,达到了洁净明镜的地步。那是他对人生无多大热望与新奇,却又不得不拼搏的原因。这人间本来就只有庸俗的人才会幸福,卡耐基一点都不庸俗,只是他还小,怎么悟到那种人生境界的呢?伊丽莎白的心底真如刀割一般,抑郁了好几天。或许是家境的贫困,或许是她的忙碌,还或许是詹姆斯的抑郁症,都让卡耐基心智比同龄人更深沉成熟些。

最后,伊丽莎白对卡耐基说:儿子,你不要悲观,你一定会卓尔不群,你终将是个出世的人,你的理想会达到,每个人都有他的优势与劣势,如果能避开劣势,发挥优势,就是最佳的人生选择。妈妈相信你会成功。

听到母亲的话,卡耐基一下子恍然大悟,明白了许多。

旧猎枪下如烟往事

卡耐基躺在床上,望着窗外皎洁的月亮,想起玛丽维尔的点点滴滴,心底还是有些茫然和感伤。也许现实生活过得得意,茫然和感伤就会消失,只是他怎样让自己在瓦伦斯堡过得得意呢?

第一,他没有强壮的体魄、高高的身材,做个令人注目的足球或棒球运动员,不可能。第二,他没有优越的经济条件,戴名表、穿名牌、买玫瑰花送给自己心仪的女生,也不可能。

第三，他不会唱歌跳舞，做个男生眼中的风流才子，或女生眼里的白马王子，更不可能。他唯有一颗不服输的心，与一颗会思考的大脑。

他只有拼命地学习，取得好成绩，才有可能被人注意。终于，功夫不负有心人，那年，他得到了全额奖学金，各门学科都在班级遥遥领先。只是他并不满足，因为那都是纸面上的，没有人会长久注意这个东西，甚至还有人会小觑这个东西，认为他是个只会死读书的呆子。

从小到大，卡耐基就生活在大家的争议里，他坚忍不拔的个性让他想成为一个卓越不凡的人，而他又实在平凡。该用什么让自己在人眼中不平凡，改变他们对自己的看法与争议呢？这时，小时候母亲在教堂讲台上演讲的热烈场面，在卡耐基的脑海中浮现了。母亲那神采飞扬、众人瞩目的演讲场面，这么多年过去，都还在他的脑海里闪现。还有台下随母亲演讲情绪而发出的阵阵抽泣，依旧清晰地回响在他耳际。母亲因演讲的成功，成了玛丽维尔的名人，甚至德高望重。

我可以像母亲一样成为一个卓越的演讲者吗？以演讲传播自己的思想与理念，树立自己的公众形象与个人魅力，岂不是一举多得？

卡耐基真是因落寞而踏向演讲之路的，从小他就知道演讲对人生的重要。演讲可以让人的思绪更为活跃，演讲还是一条你通向别人心灵的通道。从小，他从母亲身上就体会过演讲的这种神奇功能。

父亲詹姆斯因为不善言辞而积郁成疾；老莫德因为不善交流而沉默饮酒，最终醉酒掉进 102 号河；不善鸣叫的鸟雀，花儿都不对它开放，它也啄不到自己想吃的果。而母亲因为善于演讲而终生快乐，拥有一个乐观开阔的心境，给了全家人精神导引。如果演讲成功的话，还可赢得社会地位与声望。

1903 年，卡耐基有过一次参加瓦伦斯堡举行的教育集会的经历。在集会上，他有幸聆听了一个演讲者的演说，那演说的主题早忘了，但那演说者雄辩的口才与生动的手势，却令他终生难忘。他还记得当初那演讲者讲到一个贫苦的农村孩子，他无视生活的贫穷与磨难，坚持不懈地辛勤工作，最后获得了成功，而那个男孩是谁呢？瞧，各位先生、各位女士，他就在你们中间。当时全场鸦雀无声，听完这句问话，全场却轰动起来了。

卡耐基坐在台下，他以为演讲者的手，指的就是他。心里不知有多兴奋而紧张。而当时又有多少个像卡耐基一样兴奋而紧张的人呢？演讲的魅力真是太大了。从那一刻起，卡耐基就决心，将来也要做那种具有优雅风度、雄辩口才的人，在万众注目的演讲台上展示魅力，实现自己的人生价值。只是真到了瓦伦斯堡，现实的阻隔，让他日渐地似乎隐埋了那种梦想。

这刻，那醉人的情形清晰地闪现了。他似乎看见自己在学院演讲台上挥动着手臂，口吐妙言，全场哑然……想着想着，他竟然睡着了。一抹清辉寂寥的月光洒进他的窗台，原来瓦伦斯堡的月光也是清寂的。那丝晶莹在清辉月光下闪烁下,又消失了。原来卡耐基的眼里噙满了泪水,而泪水随着梦境的发展,被微笑风干了。那张仍旧有些稚气而倔强秀气的脸,在睡梦中展示出各种表情,梦中,他正成功地站在演讲台上。

此后,卡耐基就开始拼命地练习演讲。他想,如果我能参加全校演讲会、辩论会,并获得冠军的话,我就会迅速成为师范学院的明星人物。贫寒倔强而又坚韧的卡耐基太渴望成功的果实了。

然而在瓦伦斯堡师范学院这个注重口才训练的学校,几乎每个人都是优秀的演说家。因为学院每季度都要开展一次全校演讲巡回比赛,造就了一个又一个的演讲高手。卡耐基要想在学院获得冠军,并不是一件容易的事。

但卡耐基决心已定。毕竟这是他唯一一条曾接触的、有可能走向大众舞台的路。只有走出去,走上前去,才有机会。

可当他兴致勃勃报名参加学校小组比赛时,首轮就被淘汰了。淘汰的原因不在他个头与着装,而在他表情的拘谨与举止的不自然。玛丽维尔的贫困已让他的举止禁锢了,难怪玛丽维尔的农人会让他看不顺眼,原来是呆滞啊。没想到那么些年过去,他也同他们一样有些呆滞了。卡耐基由于长期受农场生活影响,很难像城市人那样放得开。他胸怀中有许多优异的见解与思想,有滔滔的陈词,但那些只在有限的几个人面前展示过,到一个大众公共的场合,就展示不出来。他在家练习了无数遍,好好的,一上台,就把一切丢到爪哇国去了。

后来,他又鼓足勇气报名参加学校演讲团的演讲比赛。虽然勉强参加了,但上台后,他还是那样拘谨,脑子一片空白,支支吾吾地说不连贯。是被什么阻隔了呢?这真让他痛苦。为什么准备得好好的演讲,到了台上就流产了呢?

宁静的月光洒照在忧伤落魄的卡耐基身上,那群鸽子仍在附近的樱桃树上歇,它们是谁家的鸽,每天黄昏按时来此,从不迟到。或许这里已是它们的又一个家吧。而卡耐基呢?他仿佛从离开玛丽维尔就没家了,无论是现实还是心灵。卡耐基为自己一年前在这窗下发的誓言而感叹。那夜里的星光多灿烂,那夜里的月光多美好,虽然清寂却一样明亮,洒在他流泪的脸庞上。而如今的月光,他却只有独守孤影,连月光也不忍看。他不知道自己落魄到了什么样,因为连续 12 次,他都从演讲台惨败,落荒而逃。这让他的心气低到了极点。每到学校,同学们不是用欣赏的眼光看着他,而是用惊讶鄙视的眼光看着他,那眼光似乎在说:凭你这样子,也能得演讲冠军?痴心妄想吧。

多年后,当卡耐基在一次演讲中回顾这段失败的经历时,曾以半开玩笑的口吻说:诸位大概不会想到,我在最后一次演讲失败后,几乎所有的希望都被彻底击碎了。我感到筋疲力尽,意志消沉,甚至萌生了自杀的念头。当时如果能找到一把旧猎枪,也许现在的我就不会站在这里演讲了。

世上本无回头路,男儿一去不复还。从小就深受父母永不妥协精神感染的卡耐基,尽管靠近了绝望之门,却从未妥协过。

我的大学与鸽同飞

瓦伦斯堡郊外，秋天一片绯红，农人在田地里收割谷子。金黄的谷子在原野铺开一层又一层。卡耐基望着窗外樱桃树上歇着的鸽子仍旧沉思。它们从哪里来？每天享受这夕阳黄昏的无限静谧。瓦伦斯堡郊外类似玛丽维尔农场，而广阔过农场。第一次，卡耐基真正用心领略到瓦伦斯堡郊区农村的美景与静谧，全由人的心境吧。

为了鼓励自己，他经常站在窗下，默默地对自己说：没有失败这回事，在哪里跌倒，就从哪里爬起来，我要继续比赛，直到赢。这个镜头多么类似1898年102号河泛滥后，在小木屋里跳窗选领导的情形。高山之巅固然寒冷，却美景无数，他曾尝试过。可高山之巅固然美景无数，攀缘上去，却得付出昂贵的代价。想到此，他不禁举起双手，看着那根断掉的食指，现今他已不再为此自卑，而是自豪。因为这就是坚忍不拔，在逆境中奋进崛起的见证。

想起这段往事，他不禁走出房间，来到农场田埂上，继续练习演讲。他将林肯总统的演说词与演讲镜头，揣摩了多遍。他喜欢林肯演说词的精练与锐利，喜欢林肯冷峻而幽默的外形，喜欢林肯的智慧与随机应变，喜欢林肯同样有颗孤寂而总向着高山之巅的心灵。据说，林肯有次在演讲过程中，有人递上一张纸条，上面写着“傻瓜”二字，当时林肯脸上掠过一丝阴云，随即便平静地说：我收到过许多匿名信，全都只有正文,不见署名的,而今天我收到的这封信正相反。刚才这位递条子的先生,只署上了自己的名字,却忘了写正文。说完,他便继续他的演讲,

这会是个什么样情形呢?只有傻瓜才会做这么愚蠢的事。卡耐基想到这个镜头不禁窃笑,忍不住模拟起当场来。他一边走一边大声地念道:我收到过许多匿名信……然后停顿了一下,把目光投向观众,注视了两秒时间,确信引起每个观众的注意后,再继续说:全都只有正文,不见署名的,而今天……他又停顿了一下,还从嘴角露出点微笑,似轻蔑又似轻松的,大家不知道今天与素日有何不同,总统今天倒是表现得有些不同,完全吊起了人的胃口。全场一片讶然,竖耳倾听。因为他们实在太想知道今天有什么不同了。演讲模拟到这,卡耐基自己也不禁愉快地笑起来,太美妙了……

正值秋收季节,黄昏,忙碌的农人在田间收割稻谷,金黄的稻谷迎着夕阳将瓦伦斯堡点缀得一片绯红。农人不知道绯红夕阳下,那个来来回回、手足舞蹈的人在干什么。有个农人路过看了半天,也不知怎么回事,听见那人嘴里嚷着总统之类的词,还以为遇见了疯子,忙跑去找来警察。在警察的询问、卡耐基耐心的解释下,才知道是一场误会。这时路上已聚集了好多农人,他们如看怪物一样看着卡耐基,心里都不知怎么想。或想,这个孩子真是用功啊,或想,神经病吧,诸多种种。

卡耐基自己倒不在意别人怎么想,但从那场误会,他学乖了很多。以后再也不到郊外农场路上练习演讲了,而是在

自己房屋外的那块樱桃林里。秋天的樱桃林，树叶都黄了，可居然还开起了花。卡耐基惊奇地停下来，端详着那开着白花的樱桃树，百思不得其解。樱桃树本是春天开花的，怎么秋天也开花了呢？只不过开得很少，而且是白色的。卡耐基想起小时候母亲常对他说的一句话：因为你嘴馋，所以樱桃树就不开花，怕你吃它结的果。而这春秋都开花的樱桃树在农人看来，就是公树，不结果的。难道瓦伦斯堡因为是城里，就连樱桃树都是不同的吗？那群鸽子每天歇在樱桃林里，不就是为这开着的白花儿？它们都是洁白的，构成了瓦伦斯堡农场的灿烂风景与绝色风情。

卡耐基边想边纵情练习着演讲稿。他想起了童年，想起了玛丽维尔，想起了玛丽维尔漫山遍野的樱桃花，想起了父亲山顶上的小木屋，想起了索德先生，以及那个冬季无数个清寂的雪夜，他从索德先生那里得到了另一个全新的世界，想起了102号河上漂流，以及它无止境的泛滥，想起了那根因争强好胜断掉的食指，想起了自己同父亲一起坐着马车去圣约瑟城喝中国乌鸡汤，想起了母亲每天清晨煮着牛奶唱着圣歌，想起了那些不甘沉沦而奋起的农村孩子……

演讲到此，卡耐基完全身临其境，那种被众人拥戴、全场轰动的效应，马上就要显示出来。只听见一阵沙沙、簌簌的声响，一阵阵咕咕、呀呀的惊鸣，一阵阵唰唰羽毛的碰撞，一起传来。变黄的樱叶,白花点点飘落,如天上纷飞着雪,营造出一幅极致浪漫的风雪图景。卡耐基被这樱桃花纷飞的浪漫"雪景"感染了,展望天空,只见一群白鸽在樱桃树上空翩然飞舞。原来这浪漫即景是那群鸽子营造的。原来它们在那恬静的歇息中,被卡耐基纵情投入的演讲、自我陶醉的样子吓坏了,一只只纵身飞上了天。

黄昏下,低矮的楼房,高大的樱桃树,一场白茫茫的樱桃花雪,一群奋飞的白鸽,一个惊讶止语的青年,在瓦伦斯堡城下构成一幅多么了然而激奋的图景。那图景似乎在说:戴尔·卡耐基,你的大学与鸽同飞。的确,那一刻,卡耐基的心中就在喊:我的大学与鸽同飞。

他的梦想在那一刻开始飞翔,飞向遥远的广阔无垠的天空。那里一片阳光灿烂。因为不久,瓦伦斯堡师范学院的演讲大赛又要开始了。秋去冬来,冬去了,春还会远吗?来年春天,卡耐基的演讲水平已经得到了极大的提高,他已等待那个时刻太久太久。

那日,春意盎然,阳光和煦,瓦伦斯堡郊外,樱桃林一片粉红。它们已开出粉红的花朵,喜待丰收的果。虽然没有102号河奔腾不息,却有卡耐基心底渴望成功的河流在奔腾不息。卡耐基经过一路过关斩将,终于杀入决赛。那一日,他仔细地梳理了自己的头发,将衣服穿得整整齐齐,那是母亲专程从瓦伦斯堡城的男装店买来的。是一套蓝色的西装,他还从来没有穿过如此正式的服装。似乎还让他有些不适应。着装永远都不是最重要的,只要合适就好,最重要的是内心。储藏着决心与信念,储藏着他童年、少年、青年,以及整个人生,储藏着一条通向成功的路。

这次他的演讲题目是《童年的记忆》。

这次演讲完全吸引了听众,他用真诚而质朴的情怀,大地般厚实而诚恳的语言,将那些成功的大小果实丰盛地展现在人们面前。人们因为他的手势、姿态、语气而受到感染,那些细微触动人心的实践与之完美地结合在一起,呈现极致淳朴的感动。人们似乎听到了102号河汹涌吞噬他们家园的声音,看到了孩子们在汹涌河流中,仍旧不忘欢乐地玩耍,看到了山姆、莫德们那因饥饿贫困而熬黄的脸,看到了小木屋里那一片神秘天地,看到了母亲伊丽莎白在厨房边做饭边唱着圣歌……

这次演讲的成功,为卡耐基赢得了瓦伦斯堡师范学院的"勒伯第青年演说家奖"。那个历经无数次失败的卡耐基,终于从失败的深渊爬上了领奖台的最高峰。这次成功让他确定了自己今后该走怎样的路……

爱情、梦想都成灰

卡耐基自从得到"勒伯第青年演说家奖"后,声望在瓦伦斯堡学院就一日日高升,沉入心底的梦想又浮上来。

卡耐基刚到瓦伦斯堡师范学院时,就认识了一个叫贝茜的女生。她住在瓦伦斯堡郊外的一栋别墅里。别墅四周满是樱桃,卡耐基每天上学都要对那个方向张望,只是贝茜并不在家,她住校。哪里像他每天骑马上下学呢。卡耐基觉得贝茜与别的女生不同。因为她不像其他女生对他生疏隔膜。卡耐基每在学校碰见她,她总会向他挥手,说上一句:早晨好,戴尔。而不是像别的女生看见他那样了上学,就用种特别惊诧或怪异的眼光看着他。

贝茜是他孤寂沉闷的学院生活中隐藏的欢乐。每当苦闷的时候,他都想着贝茜。贝茜无瑕的笑脸、清脆的笑声是他灰暗心灵亮起的两颗璀璨明珠。

然而时光过去几年,大学快毕业了。他都没有主动跟贝茜说过一次话,只把那好感深藏着。因为贝茜不仅漂亮,从不招摇,还在学习上非常优秀。不仅年年得奖学金,而且还赢得全校演讲比赛的优胜奖称号。或许也因她的优秀,才使得卡耐基更加刻苦勤奋地学习演讲,更快地获得成功。要知道,瓦伦斯堡师范学院历来的演讲冠军都是女生,而卡耐基是唯一获得冠军的男生。这在那些优秀的女生里面,无疑荡起了一阵涟漪。许多不那么瞧得上他的女生,也开始对他表示好感与热情。他也在接下来两年的演讲比赛中获得了冠军。一连几冠的名誉,让卡耐基成了师范学院的红人。只是这个红人并没解脱少时的羁绊与禁锢。

年轻的卡耐基曾在内心无数次地想象他与贝茜相恋的情形。他紧握她的手,凝望她的脸,吻她的唇,然后向她表露心迹。然而真在学院碰见了,他却窘迫得一句话也说不出来。倒是贝茜比从前更为热情地向他招呼:戴尔,早晨好。或是,戴尔,你真棒。为着贝茜这两句平常的赞扬,卡耐基高兴得几个夜晚睡不着。暗自决心再次碰见，一定得跟她表白，不再害怕。可当再次碰见，他又跟上次一模一样了。他不知道为什么在演讲台上坦然自若、口才飞扬的那个卡耐基，每当碰见自己喜欢的女生，就像猪一样呆头呆脑了。他甚至害怕，若是贝茜真成了他的女友，每天该跟她说什么，或者他们哪天结婚的话，结婚路上，他该干什么，或许他会从婚礼上逃走。明明是内心无比渴望的，实现起来怎么就逆反了？真是太奇怪。他几乎怀疑那个在台上口齿清晰、语言流利、思维敏锐的演讲冠军，到底是不是自己。

他喜欢贝茜，每天都想跟她表白，却害怕得不得了。他害怕她不喜欢他走路的姿态、说话的表情，甚至害怕她真与他结婚的话，会不跟他做爱。那时的他，真是太羞怯了，一想到自己会在贝茜面前说爱，就脸红心跳。

可无论怎样的禁锢，都无法阻挡青春的恋爱。每天骑马回家，卡耐基都无限惆怅地往贝茜家张望，有时还转到她家门前的樱桃树下歇着。当见她家人出来，又怕他们看见，立刻藏起来。他不知道怎么表达自己的爱情。他在一本书上曾看到，说男生追求女生时，要送定情物。那我何不用这种方式来表达我对她的情意呢？他为自己想到这个绝妙的主意无比高兴。可他在商店里转了几次，看见货架上琳琅满目的小礼品，虽都很漂亮，却贵得很，他买不起。因为他家的经济条件，大家有目共睹，连上学都骑马，没钱搭车住宿，哪有钱买小礼品呢？这真是件叫人沮丧的事。

回到家，卡耐基非常郁闷。母亲伊丽莎白回来了，看见

他,直高呼:戴尔,我的儿子,你真了不起,又得到了演讲冠军,儿子,还记得我说过的话吗?你永远都是独特的,你有你的优势,你会成功。听到母亲的夸赞,卡耐基的勇气似乎又回来了。突然想起母亲抽屉里藏着的那个漂亮梳妆盒。梳妆盒是母亲年轻时买的,一直舍不得用。虽然岁月流逝,人也渐老,而梳妆盒却还是那么新,真是太好了。就拿那梳妆盒做定情礼物送给贝茜好了。

第二天早晨,卡耐基早早起来,梳理好自己,去了学校。一整天他都心猿意马,想看见贝茜,又害怕看见,这天他将做一件人生中的大事。

放学后,卡耐基在贝茜回宿舍必经的路上徘徊,看似漫不经心,实则内心急切。他不止一两次在这徘徊了,他已在此徘徊多次,知道这个时候贝茜会经过,会碰见她,然后还跟她打招呼。他确是故意的,而贝茜却是无意。几年来,他们一直就这样碰见,今天与往常又有什么不同。

果然,贝茜来了,卡耐基上前,故作轻松地说:贝茜,你好,想不到在这里遇见你。

啊,戴尔,你好,我们不是常在这里遇见吗?

卡耐基顿时紧张起来,吞吞吐吐地说:贝茜,我想送你一件礼物。

哦?什么礼物?为什么要送我礼物呢?贝茜的脸也有些红了。

如果你愿意的话,我想……你可不可以……我们……我们周末一起去河边野炊吗?卡耐基太紧张了,只寻着心头最想说的话说。这可是他渴望了许久的事儿,今天算是有机会说出来。

贝茜似乎也有感觉,绯红着脸说:跟你一起去?哪里?野炊?话还没说完,只见卡耐基把个晶莹剔透的东西塞进了她手里,飞一样地跑了。边跑边喊:别忘了周末的邀请啊,早晨7点,校门口见。

贝茜这时才明白,心不自觉地猛撞起来,边向宿舍走,边打开了礼品。一只精美的梳妆盒出现在她眼前,多漂亮啊。贝茜兴奋地打开梳妆盒,心越发跳得厉害,发现里面有张纸条,上面写满了漂亮的拉丁文。不用说,这肯定是卡耐基写给我的信了。贝茜想到这,便拿起纸条看,只见上面写着:

亲爱的贝茜,救救我吧,我向上帝发誓,我爱上了一位美丽的女孩子,你看看这面镜子吧,她正对着你微笑。

戴尔·卡耐基

贝茜的心跳都要停止了,她还从来没见过这样炙热的语言,拿镜子的手不禁激动得打战,没想到那精美的镜子被她的手一颤,“啪”的一声掉在地上,碎了。更令人不可思议的一幕发生了,她看见碎了的镜片后面又掉出一张小纸条。她脸烫得厉害,心几乎飞出了胸膛,她不知道会再看到些什么,她的心还能不能承受。她不想看,但还是忍不住,不禁闭着眼睛,沉静了会儿,才敢打开。

真是令人不可思议的一幕啊,聪明的卡耐基做梦都没想到,自己精心设计的定情礼物会断送自己最美好的初恋吧。原来那纸条上写着:戴尔,我的儿子,你该不会把我的梳妆盒也拿去输掉吧?

这个梳妆盒后面的纸条是卡耐基少时沉迷赌博时,母亲伊丽莎白写的。那段时间蒂比离开了他,他自甘堕落,染上了赌博。母亲为了拯救他,跪在雪地里哭泣了一整夜。卡耐基的心被深深刺痛了,发誓不再赌博。没承想卡耐基丢掉了恶习,而母亲并没丢掉那警示的纸条。而且在他第一次的青春恋爱上画了不光彩的一笔。贝茜发烫的脸突然冷却了,狂跳的心也安静了,脑子也一片空白,她不知道自己平时喜欢的才子会是个赌棍,这实在是太大的一个嘲讽,她知道自己该怎么做。

一晃,周末到了。卡耐基还沉浸在自己设计的美好约会之中。特意换上了那套蓝西装,戴着头盔,上好马鞍,骑马去学校。想象中,贝茜就坐在他身后,紧抱着他的腰,他们一起奔驰到河边,然后……啊,这比英国最风流的绅士还绅士吧。他边想边骑,竟不自觉地,脸上露出欢快的笑容。这是他上师范学院后最欢快的一刻,也是让他坠入绝望深渊的前刻。

没想到,贝茜见到他,还没等他开口,就冷淡地说:戴尔,谢谢你的礼物,但是很遗憾,我们之间不可能,我永远也不接受它。

为什么?卡耐基焦急地问。

贝茜冷冷地说:我钦佩你的演讲才华,但我和我的家庭没办法接受一个赌徒,再见。说完,贝茜把那碎了的梳妆盒还给卡耐基,头也不回地走了。

从此,贝茜与卡耐基绝交了,他连解释的机会都没有。他那想象中无比灿烂热情而美好的初恋,还没有绽放,就夭折了。

这使卡耐基一想起来,就觉得难受。然而更不好受的还在后面。

不久,就是毕业考试。也正因为快毕业,卡耐基才鼓足勇气向贝茜表白的。可贝茜的拒绝让他坠入了失恋痛苦的深渊。他一想起那几行写给贝茜的拉丁文情书,就觉得难受。为什么贝茜不给机会让我解释呢?到底发生了什么?贝茜怎么会知道我曾是个赌徒呢?卡耐基并不知道母亲在那梳妆盒里留了那张纸条。

卡耐基毕业考试的各个科目都过,唯拉丁文没过。这可是件奇怪的事。卡耐基平日学拉丁文可刻苦了。自 9 岁碰见索德先生起,就开始刻苦学习了。平时他还用拉丁文写文章、写诗。每次演讲稿也是用拉丁文写。这次毕业考试,拉丁文怎么会不及格呢?或许只有聪明的你我,还有卡耐基自己与贝茜知道了。

这不及格的一门功课,使卡耐基失去了作为一个真正大学毕业生的资格。最终他没有拿到毕业证,而是以一名肄业生的身份离开了学校。他知道母亲多年来对他的期望,没拿到毕业证,实在有违母亲的意愿。

拿着肄业证,他无限感伤地在路上徘徊,只是再也见不到贝茜。他不知道毕业后，她去了哪里，而自己又该去哪里。校园的一切依旧，瓦伦斯堡郊外的农场仍旧樱花开满，白鸽飞翔。而他的理想与恋情却随着现实的到来而破灭了。

他徘徊着，不自觉地来到贝茜家门前。像若干年前蒂比丧魂落魄在迪迪门前唱情歌一样。可迪迪一点都不爱蒂比，最终蒂比被雷劈死了。回忆起蒂比，卡耐基尤为感伤。大别墅就在眼前，贝茜就在里面。可他却只敢远望，不敢进去。贝茜还在那里吗？她是他的初恋，他徘徊、远望，只为再见自己心爱的姑娘一眼。明天他就将离开瓦伦斯堡，去别处了。那美丽的姑娘，似乎永远从他视线里消失了。此后的人生，他也没再遇见过她。

卡耐基黯然地回到家，母亲温存地注视着他的眼睛，里面饱含着殷切的希望。

我不能辜负母亲的期望。我不甘一辈子做个小农场主，过父亲一样艰苦劳累、抑郁的生活。可我没拿到毕业证，哪会有体面的工作呢？我该怎么办？那些演讲冠军的头衔，原也不过是禁锢人的虚名吧。

卡耐基站在窗下，拿出那根破短笛，却没有吹奏。他怕忧伤的笛声泄露了自己的心思，害怕母亲瞧出端倪。他想，无论怎样，我不能让母亲失望，我将去城市寻一片天空，寻一条富裕的成功之路。他放弃了农村，选择了城市。而母亲伊丽莎白还以为他真的大学毕业了，去城里大公司上班报到了呢。没想到这个平时从不撒谎的人，这次居然撒谎了。

与鸽同飞的大学时光，辉煌的或不光彩的历史，对卡耐基来说，都已成为永远的过去。

阅读思考

① 你知道《骆驼祥子》吗？它是我国现代著名小说家、文学家、戏剧家老舍先生的代表作之一。

② 尝试写一篇《童年的记忆》。看看你的童年和卡耐基的童年有何不同。你更喜欢谁的童年？

第五章　山峰有美景无数

密苏里河畔的辛酸泪

卡耐基凭着一双脚在瓦伦斯堡街头走，他不知道将走向何方。他除了一张师范学院的肄业证、一身寒酸的衣服和一颗失恋的心外，再也没有点别的什么。

1908 年正是美国工商业发展壮大时期，各种各样的营销方式纷纷诞生。用弗兰克的话说是，只要有良好的口才与强烈的敬业精神，就可以胜任。卡耐基在寻找工作的路途上，碰见了同窗好友弗兰克，而且还鼓励他到自己所在的城市丹佛去工作。因为丹佛的工商业非常发达，推销的职位非常多。

听了弗兰克的话，卡耐基立刻前去丹佛，他渴望一份工作太久了，只要有一份工作，他就会卖力地干下去。他情愿流落街头，也不愿回家乡。再说他认为自己在演讲上面有优势，做推销应该有戏。

来到丹佛，他找了一家宾馆住下，来不及端看丹佛城的模样，就买来一堆报纸，仔细记录上面的招聘广告，然后不断上门去应聘面试。在此过程中，吃了不少的闭门羹。有一天，他在一份报纸的广告上看到一则斯克兰顿国际函授学校丹佛分校培训机构招聘课程顾问的广告。突然灵感大发，所谓的课程顾问，就是帮助培训机构推销课程的职位。他在师范学院学习过演讲培训课，而且还开过培训班，算是有一定的经验。因此做了些准备后，就去面试，他自认为成功率应在百分之九十以上。

面试那天，他特意穿上那套演讲时才穿的西装，打好领带，然后按地址找到那个课程培训中心。接见他的正是丹佛分校的经理，约翰·艾兰奇。约翰先生约五十岁，身材微胖。他上下打量着卡耐基，觉得他太瘦，面色也不好，心中有些顾虑。销售可是吃苦的活儿，没有强壮的体魄未必能胜任。再看卡耐基的简历，根本没有销售经验，心中老大不乐意。但看卡耐基眼神还坚毅，于是就漫不经心地问了卡耐基几个问题。

你觉得推销员的目的是什么？

推销员的目的就是让消费者了解产品，然后心甘情愿地购买。

还不错，那你打算怎么跟你的推销对象讲话呢？

啊，先生，今天的天气真不错，或您的生意真不错。

嗯，也不错，那你怎么把一台打字机推销给一个农场主呢?

卡耐基思考了下,说:很抱歉,先生,我没办法将打字机推销给农场主,因为他们根本不需要。

年轻人,很好,你通过了,我想你会出类拔萃的。

绝了,约翰先生等待的就是这个答案,从这个瘦弱的年轻人身上,他看到了一个优秀推销员的潜质。先前很多面试者对于这个问题回答得都不好。要不口若悬河,要不就哑口无言。表面上这个问题十分平常,却内含玄机。因为,能顺利将商品推销出去,充其量是个不错的推销员。要想做个优秀的推销员,不仅要学会把商品推销给真正需要它的顾客,而且还要有职业道德,不应诱使顾客购买他本来不需要的东西。现今的推销员,有几个还讲职业道德的?但卡耐基有。

就这样,他成了丹佛分校的一个推销员。他非常高兴自己找到了第一份工作,只要能在这个城市立足,就心满意足了。卡耐基憧憬着未来,仿佛看到繁华的城里,有了他自己安逸的家。

然而当他每天早出晚归,推销丹佛分校的培训课程时,简直急昏了头。世界上似乎根本没有一个人需要那种课程。用他们的话说:什么叫函授课程,不就寄几本书吗?倘使我花了钱,那些书收不到怎么办?那还不如去实践地上几堂课呢。再说,我学了它,会有什么好处呢?能加薪吗?

卡耐基每天跑得头昏眼花,嘴巴皮子都说干了,但就是没有人买。都一个星期了,他脚上的鞋都磨了个洞,头发也在几夜之间花白了许多。身体的疲劳与精神的沮丧,使他外貌发生了惊人的变化，似乎老了很多，而函授课程，却一套都未推销出去。其实也不是卡耐基笨，其他的推销员也好不了多少。随着时间的推移，许多推销员都打了退堂鼓，可卡耐基不能打退堂鼓，这是他走向社会的第一份工作，失去了它，就失去了继续待在这个城市的机会，他不像有些人有家可回。一想到要回玛丽维尔或瓦伦斯堡，看那些樱桃与白鸽，他就心情郁闷。他决不轻易放弃，他要坚持到最后，直到胜利。

这天秋高气爽，丹佛的秋天一片安谧。这个世界，无论多么喧哗，总会有几处安静。就像丹佛城，是个热闹的商业城，可也有如瓦伦斯堡郊外一样静谧的小巷子。人在那工作，买瓶小汽水，边喝边架个电线，过平常快活的人生。有事做，真是幸福。但在那幸福中的人，却很难体味到那幸福。就像架电线的工人，从不感到自己有多幸福。无论风吹雨打，都要穿着工作服，戴着安全帽，全副武装地爬杆工作。还不晓得哪天，会不会从那悬挂的电线杆上摔下来。

但卡耐基觉得他很幸福，而自己就太不幸。每天为推销那课程搞得精疲力竭，口干舌燥的，可一单都没卖出。自己从家里带来的钱，早就花光了。如果今天再不推销出去一套课程，马上就要饿肚子。想到这，卡耐基不禁有些灰心丧气，摸着满头的大汗，只想找个地方坐下，痛哭一场。可大城市连站的地方都没有，还有地方坐吗？只有这小巷子的街道旁，可以坐一会儿。这样想，他不禁停下来，想坐一会儿再走。

没承想这时奇迹发生了，一把老虎钳子掉在他面前。原来那电线杆上的工人,边忙碌时边抱怨,不小心将手中的老虎钳子掉落了。

嘿,卡耐基望着上面的人打了声招呼,把钳子扔上去。那工人很友好地对卡耐基笑,卡耐基立马提起精神,也很友好地对他笑,然后说:老兄,工作挺辛苦吧?

当然,爬这么高的电杆,辛苦不说,生命随时都有危险呢。

你为什么不换一行做呢?刚才自己还在羡慕别人有工作的幸福,而这刻却在想劝别人放弃,是忌妒别人的幸福吗?还是太自私了?其实也不是,或许卡耐基真觉得那人需要换个工作,以免哪天生命真遭遇危险,他的家人就惨了。

我也想换啊,只是隔行如隔山,做了几十年电工,还能干得好别的什么呢?

话不能这么说,我有个朋友原来跟你一样是电工,但最近做了个聪明的决定,结果真的成功地转行了,现在不但工作轻松,薪水还比从前的多。

卡耐基真是觉得撒谎很不道德,但为什么就不再脸红心跳呢。或许,为了生存,他没办法。或许,他真能把这老兄从电线杆转到其他好的行业里呢。他一点都不内疚,一心只想把这生意做成,拉这老兄脱离苦海。

不料那老兄真动心了,或许也犯了职业病,想转行很多时日了。这回正好碰见卡耐基如此说服指点明路,忍不住就买了套丹佛分校的培训课程,在卡耐基认真给他解释那课程的好处之后。

卡耐基终于做成了自己的第一单生意。那高兴劲就甭提了,能让整个密苏里河都荡漾起来。他一下子精神兴奋地围着小巷跑了几个圈才回去。他舍不得离开那个第一次成功的地方,那是他作为社会的一员,第一次创造的一个有效的工作。他将因此获得半个月的饭钱和半个月的房租,也就是说,一个月他只要推销两套课程,就可以维持生活。只是这样的好事情,一个月也不会碰见两次吧。

卡耐基真的不满意这份工作,他自认为能力不差,推销水平也不低,可为什么每天辛苦工作,总收获很少呢。这样下去,他在这个城市拥有房屋与家可是个遥不可及的梦了。他还要买大房子给父母养老呢。说实在的,小小的成功喜悦与那长久失败的沮丧相比,太微不足道了。说实在的,卡耐基苦闷极了,却不知道问题出在哪里。相对分校的其他推销员来说,他的业绩最好了。他们都是三五天就辞职,像卡耐基这样一做就是一年的几乎没有。不是他们不做要跑,而是他们若不跑,就要饿死了。

卡耐基认真地思考过,觉得这条路成功的希望非常渺茫,似乎方向不大准。但除了推销,他几乎不会干别的事。还只想在推销上干点活,这个他有经验,熟手,是否得改个推销的行当呢?

几天来,卡耐基都闷闷不乐,愁肠满腹。

这天,他突然想起工作中认识的一位老推销员,凭老推销员那么多年的经历,肯定能给他一个有益的建议。于是晚上,卡耐基就约他来喝咖啡。把自己心中的苦闷都讲给他听。不想,老推销员一下子就点中了卡耐基的心思。

他说:年轻人,我明白你的处境,在推销这个行业,有拼搏精神固然好,但也要选个正确的行业才行。我认为你那什么课程,发展空间不大,需要那个的人真是太少太少。小伙了,你来不来我干的行业呢?食品这东西,世界上多少人,每天都少不了,该销售多少,不是有很广阔的前景吗?

老者的话点拨了卡耐基,他心想怎么我就没想到呢?可我该到哪里去找个销售食品的工作呢?

老者似乎看出了卡耐基的疑惑,告诉他说:内布拉斯加的奥玛哈市有许多食品加工厂,你可以去那里寻找机会。

在老推销员的一再鼓励与启发下,卡耐基思虑再三,终于向约翰先生提出了辞呈,前往奥玛哈。约翰先生非常不舍,但为了他更为广阔的前程,也不得不放人。临走前,他对卡耐基说:有困难随时可以回来,丹佛永远欢迎你。接着就给他结清了工资,卡耐基就这样离开了丹佛,去了奥玛哈。

奥玛哈位于内布拉斯加州东部,密苏里河西岸,与玛丽维尔隔海相望。随着联合太平洋等铁路的通达和运河的扩大,奥玛哈逐渐成为美国的运输中心与农牧产品的集散地。这里有许多大型牲畜围栏和谷仓,是美国最大的牲畜市场之一。食品业非常发达,尤其以肉类加工和包装著称。

初来乍到,卡耐基被它博大熟悉的气息迷住了。这里是他故乡的彼岸,这里的人与他同饮密苏里河水长大,算起来也是半个故乡。密苏里河东岸望去,便是玛丽维尔与密苏里支流102号河。虽然望不见它们,但在卡耐基的心里,此岸的气息与彼岸的气息一致。来到奥玛哈就如同来到第二故乡一样,在熟悉的气息里,卡耐基找一个旅馆住下,然后照常买来一大堆报纸,在那上面寻找自己所需的信息。他已不像以前那样着急找到工作而毫无选择,他锁定肉制品推销,有合适的才去应聘。

他以自己熟练的专业水平,一个优秀推销员的潜质所在,被一家肉制品公司录用了。那家公司叫阿摩尔公司。应聘他的是公司总经理理洛弗斯·海瑞斯先生。

而这个工作差点就被卡耐基拒绝了。拒绝原因就是海瑞斯的说话方式。当时他们因工资和工作的问题发生了不愉快。卡耐基一口回绝了海瑞斯。当卡耐基走到公司门外,海瑞斯觉得此才不可失,又叫回了他……

卡耐基希望能直接走到销售的位置,而不参加培训,因为他已有了足够的经验,不想为此耽误自己和公司的时间。海瑞斯听到卡耐基拒绝的理由,不禁对他深感钦佩,决定让他直接到分公司南达科他报到。几乎从那刻起,海瑞斯就认定了卡耐基会走向成功的巅峰。

卡耐基成功了,他高兴地对海瑞斯道谢,走出总经理办公司。望着奥玛哈广阔蔚蓝的天空,不禁深吸了口气。新的挑战又要开始。回到住处,他兴奋地给父亲写了封信,告诉自己的新工作与薪水。一周 17 美元 32 美分,一个月就是 70 几美元,他还从来没有拿过那么高的薪水。他终于可以给远在密苏里河彼岸的父母寄钱了。终于可以闭着眼睛做做美梦了。

卡耐基捏着信,抑制不住内心复杂的情绪,跑到密苏里河河畔,此密苏里河与彼密苏里河是一条河啊,为什么两岸的生活情形会如此不同呢?望着那奔流不息的河流,望着那似乎从对岸家乡飞来的一样的水鸟,望着自己曾走过来的路,他不禁热泪盈眶,痛哭了一场。

永别了,贫困;永别了,饥饿。想永别的东西太多,想拥抱的只有一个,就是财富。他为了财富而拼命工作,为内心被压抑长久的贫困挣扎。为了探寻一条成功之路忘却了生存。那一刻,他想过今后有一天,会著书立作,进行培训演讲,开卡耐基课程,为全人类寻求到一条成功之路吗?

想当初,密苏里河支流102号河曾给他的故乡及亲人带去多大的灾难与不幸。而此密苏里河便是他幸运的开始。卡耐基匍匐在密苏里河畔,掬一把河水把它泼在脸上,原来他脸上全是泪水。那储满沉甸甸希望的信,也随着密苏里河漂向了他彼岸的父母。

老卡耐基收到小卡耐基的信,高兴坏了。这个在泥土里刨了一辈子食的农民,怎么也想不到,他那身体瘦弱、情性羞怯的儿子,居然一周挣到的钱比他一辈子挣的还多。因为他这一辈子,压根儿就没有见过那么多钱。

南达科他的奇迹

南达科他位于内布拉斯加州以北,密苏里河把它分成河东区与河西区。河东区是一望无际的大平原,土壤肥沃,雨

别看卡耐基个头小，但也有小的优势，就是玩弹球时总赢。卡耐基把赢的弹球全部卖掉，卖了六美分。他一会儿想买个大篮球，一会儿想买把中国长剑，一会儿又想买几杆冲锋枪。

名家名言

一个人事业上的成功，只有 15% 是由于他的专业技术，另外的 85% 要依赖人际关系、处世技巧。软与硬是相对而言的。专业的技术是硬本领，善于处理人际关系的交际本领则是软本领。

名家名言

你有信仰就年轻，疑惑就年老；有自信就年轻，畏惧就年老；有希望就年轻，绝望就年老；岁月使你皮肤起皱，但是失去了热忱，就损伤了灵魂。

量充沛，盛产玉米和小麦，是个富饶的农业地带；西部则是绵延起伏的高山草地，有许多水草丰美的大牧场，随处可见群群牛羊悠闲地走动。南达科他就在这水草丰美、牛羊成群的河西区。海瑞斯先生的阿摩尔公司在该州有大量的业务。

卡耐基抵达南达科他后，先到阿摩尔总公司报到。然后就马不停蹄地按照公司提供的当地各零售商名单，一个个登门拜访，以便尽快地展开业务工作。

那些零售商都是南达科他的大农场主，性格粗犷。看卡耐基瘦弱单薄、文质彬彬的样子，根本不像个推销高手，心里非常瞧不起他，而且还有些担心，这个身体出来搞推销，他父母放心吗？面对零售商怀疑的眼光，卡耐基并没有泄气。他相信这个与他家乡气候相似的南达克他，一定是他富裕成功之路的开始。

南达科他的天空比玛丽维尔的还要高而阔，田地的玉米、小麦、稻谷都喜获丰收。密苏里河支流的泛滥并没有影响这里。高山上片片白云与群群羊群分不大清楚，它们静谧地，一同营造南达科他的美丽富饶。望着如同家乡，却比家乡更为广阔的南达克他，卡耐基相信什么叫冥冥之中的天意，情不自禁地唱起了歌：

虫虫飞，虫虫飞，你飞到哪里打瞌睡？虫虫飞，虫虫飞，你可有妈妈等你回？虫虫飞，虫虫飞，孙子哭，婆婆背；背到西，捉小鸡，背到南，我吃东西你嘴馋……

那时他与蒂比在玛丽维尔农场玩得多开心，那里的樱桃花开得漫山遍野，多绚烂。而如今在这类似玛丽维尔的南达科他，他该怎样展开业务，营造一个奇迹呢？

嘿，先生，今年的气候可谓风调雨顺，肯定会有一个大丰收。卡耐基对一个零售商说。这个零售商有一个大农场，农场有几千名工人，还有一个大型加工厂，每年不知要吃掉多少肉制食品，是个大主顾。

年轻人，看你斯文的样子，难道还懂得农活吗？农场主听他的话，不禁大吃一惊。

是的，我从小就在密苏里河玛丽维尔农场干活，我父亲就是个落魄的农场主，那个时候，我们可没少吃密苏里河支流泛滥的苦，你们可是比我们那会儿有盼头啊。

是吗？农场主突然同情心大发，年轻人，其实密苏里河此岸跟彼岸一样，都是靠天吃饭。我们虽然没有遭遇支流的泛滥，可还不一样要用双手勤劳耕种，没白收获过。

零售商见卡耐基虽瘦弱，但知甘甜辛苦，口才极好，还会背古诗，中西合璧，主动找卡耐基买了阿摩尔公司好几百箱瘦腊肉，而且没有还价，这可是从来没有过的事。素日就是想买，也要讲半天价。

卡耐基尽管初来乍到，但凭自己浓重的乡音、诚恳的态度、真诚的笑容、坚忍不拔的意志和随机应变的能力，很快就在南达科他建立了自己的势力与销售网，取得了阿摩尔公司有史以来在南达克他最好的业绩。

但大农场的生意有个弊病，就是赊账多。销售出去的肉制品，好多年都收不回钱来。本来那里就是高山流水，牧场草地，再不就是初级加工厂，原料都来自农场，投入回收的时间极长。不像城里的零售商,每天都有流水有钱结。更令人头疼的是,很多零售商即使工厂或田地丰收了,即使忙着置田亩,扩建农场,也赖着不还钱。开始卡耐基还以为公司有多重用他,原来是栽个钉子给他。卡耐基就是个在逆境中奋起的探路者,总经理这样的对待,对他来说,或许也是最公平有益的。

东西卖出去,收不到款,很伤脑筋的,不仅公司效益没了,自己的效益也没了。公司可是按营业额给你提成。收不到钱,也就没有报酬。平时碰见都还好,热情地打招呼请吃饭,可遇到讨钱,就装哑巴生病,好不待见。得罪了他,不仅讨不来钱,还影响一大片,将你辛苦经营起来的销售网络都扯得稀烂,得不偿失。可自己与公司都不可能这样永远白辛苦下去,可怎么办呢?

卡耐基只要停下来,就想这个问题,不知道该怎么解决。

他想起小时曾用弹球换铅笔,然后用铅笔换钱的往事。

别看卡耐基个头小,但也有小的优势,就是玩弹球时总赢。弹球在地上滚来滚去,看谁的弹球先滚到,谁就赢了。卡耐基因为个头小,蹲下的位置最低,最接近弹球,所以弹球的命中率最高。同学们的弹球几乎都被他赢来了。装了一大袋,真不知怎么办才好。但有喜欢玩弹球的孩子,用钱买的弹球输光了,又怕父母知道,又熬不住瘾,所以就用铅笔换。卡耐基乐得做这门生意,感觉真不错,一支支铅笔卖出去,弹球还真变成了活钱。那袋弹球总共卖了六美分,很多了。卡耐基望着抽屉里的六美分,不知做了多少美梦,一会儿想买个大篮球，一会儿想买把中国长剑，一会儿又想买几杆冲锋枪，只是最终他什么也没买成。一天中午回家吃饭，那藏在课桌抽屉里的六美分不翼而飞了。他急忙跑回家，泣不成声地跟伊丽莎白说：妈妈，我有非常重要的事告诉你，你不要怪我，要帮助我……伊丽莎白也焦急了，问：大耳，什么事情这么难过啊？卡耐基跟妈妈还没把话说完，就大哭起来。妈妈，我的六美分没了，六美分，攒了几年，隐藏了多久，就那样没了。

天下着小雨，小卡耐基从玫瑰园跑回家有一英里。浑身都湿透了，不知是汗水、雨水还是泪水。那时六美分对小卡耐基来说，可是一笔巨大的财富，就那样没了，他能不伤心吗？伊丽莎白看他那么伤心，就说：为什么不交给我帮你保管呢？丢了又寻不回了，不要哭了，我给你两美分吧。

伊丽莎白给卡耐基两美分，他才哭着去上学。为那丢失的六美分，他偷偷哭了好久，伤心了很久。那是他用血汗与智慧挣来的。他现在想起来还很得意，因为弹球赢来的钱，让山姆像个跟屁虫似的跟了他好长一段时间呢。因为山姆家穷，没钱买铅笔，更没钱买弹球，跟着他屁股后面，还不是想混几个弹球玩、几支铅笔写字啊。每天黄昏放学后，卡耐基就把书包扔给山姆，自己甩脚甩手，大摇大摆地走在布满夕阳的乡路上，多自在。后来上中学了，没时间玩弹球了。可是儿时的那段经历倒提醒了现今的卡耐基。

我何不用这种方式，去向那些零售商讨账呢？

这个办法实在太好了，零售商那些不能销售的旧货可当成钱抵债。销了货还了债,何乐而不为? 就用这种方式,卡耐基收回了所有欠账。总公司赐他“讨债大王”的美誉。

那些天,卡耐基几乎跑遍了南达科他的每个角落。每次出差都要走上百英里,每到一个火车站,他都抓住火车在站口装货和卸货的空隙时间,快速地跑去,向镇上的人们推销,几分钟就搞定一份订单。当火车要开时,他又急忙地赶回车站,跳上火车继续前行。

他似乎爱上了推销,如此专注痴迷。他爱推销吗? 在忙碌的推销过程中,他来不及仔细思考这个问题,只是凭借刻苦钻研的精神,两年后,硬是把南达科他这个从前销售利润为零甚至负数的荒蛮之地,变成了全公司利润最高的地区,这创造了一个奇迹。要知道自公司建立以来,还没有一个推销员做到过。

当整个公司的人都在风传卡耐基将成为南达科他分公司的总经理时,他却茫然了。他本该高兴的,因辛勤的劳动,终获得了生命中的第一囊蜂蜜,可他为什么茫然呢?

寻梦,忧郁小室的风波

推销越成功,卡耐基越觉得生活茫然。这貌似繁华忙碌的生活里缺少点什么? 他每天早出晚归,踏着晨露晚霞,望着开阔的天空,接触各色人群,唯独远离了自己的内心,他内心深处渴望的是什么?

从小,他就是个气质忧郁的人,加上受母亲优雅高贵气质的影响，他渴望的是前台的表演，而不是后台的劳碌。他对自己的生活现状不满意，他从小就崇尚优雅高贵与涵养，喜欢像索德先生那样博大精深的人。而那些粗犷的农场主，他们一丝肌理的变动，都逃不过他的眼睛。他由于太过熟悉把握了这份工作，而失去了胜利感与挑战性，他勘知这座山峰的一切，原不过如此。他要寻找一座更高、更丰满的山峰，那里都是他心想的样子。

一次，他乘车到南达科他州的一个小镇出差，车上遇见一个人。这个人被卡耐基忧郁风尘的矛盾气质吸引了，那就是个悲喜交加的舞台剧，卡耐基正是舞台剧中忧郁多情而遭遇坎坷的女主角的白马王子，拥有这样一副表情的人，肯定是个艺术感丰满的人。卡耐基感觉此人目光的友善与欣赏，忍不住与他攀谈起来。原来这个人叫罗素，是个舞台剧导演，上天真是赐福。卡耐基由于心藏演讲与表演的梦想，才在无论是颠簸还是悠闲的环境下，都表现出那种内在气质。罗素看中的就是这种内在。在卡耐基向他倾诉完自己的苦闷与焦虑后，他提议卡耐基遵从内心，去纽约学习舞台剧。这个提议如一个春雷击醒了卡耐基。

说到纽约，卡耐基忍不住内心的激动。因为小时候他听父亲讲过，纽约是世界上最大的城市，是培养世界优秀艺术家的摇篮。小时候他就梦想有一天能去纽约，看看那里的街道与马路，和那一秒间就有飞机升上天空的大机场。父亲说，那是世界上最大的机场，那里的飞机将飞向世界各地。没想到今天，它真成了冥冥之中的梦之地。他将去那里实现自己的梦。

1910 年的秋天，纽约城的天空高远、蔚蓝，鸟儿在高远蔚蓝的天空飞翔，如一抹黑影。蔚蓝的天空如无边的海。卡耐基站在纽约的大街上，望着高远蔚蓝的天空，心里欢呼：我终于亲临纽约城下，在这片高远蔚蓝的天底下，实现我的演艺梦想！

卡耐基很顺利地成了纽约戏剧学院的学生。入学后，卡耐基与七个同学被分到一个小组，开始为期六个月的集中培训。小组的同学们将他们所在的那间小屋称作忧郁小室。那是因为他们不仅心怀梦想，而且还怀着些小忧郁。他们外表是兴奋快乐的，而内里却有些昏暗，有着前途的茫然与理想的灿烂，两极地撕裂，他们将在这里发挥潜能，最终达到成功。卡耐基在此也曾有过几次成功的表演，甚至还掀起过一场风波。

有一次，卡耐基与一个叫黛丝的女孩一起演一场爱情戏。按剧情的设计，黛丝坐在教室中央的一把椅子上，羞答答的，卡耐基穿着西装，深情款款地走到黛丝面前向她示爱。黛丝也深情款款地注视卡耐基，按剧情发展，黛丝与卡耐基相爱了，一切都按剧情的安排发展着。突然卡耐基抓住黛丝的手，把它放在心口上，大声地叫道：黛丝，黛丝，我只爱你，我要紧紧地抱着你死去，为什么你不理解我，不听我解释？说着，卡耐基满含热泪，哭了。这一幕根本不是剧本里的。黛丝被卡耐基突然的举动惊住了，很快她就反应过来，深情地凝望着卡耐基的眼，也忍不住热泪盈眶地说：戴尔，你要解

释什么？爱是不需要任何解释的……噢，黛丝，黛丝，我真的爱你。你听见我的心跳了吗？我爱你直到心跳停止……说着他用双手捧着黛丝的手，把它贴近心房。黛丝再也忍不住扑进他的怀抱，大声地喊：戴尔，我也爱你。观众都被带入那深情厚爱里，一片寂然。忧郁小室的荧光闪烁，两颗相爱的心紧紧地贴在一起。而卡耐基内心的那个黛丝却早不知踪影。

戏剧结束了，卡耐基走出忧郁小室，忍不住流泪，他真的哭了。而那时忧郁小室雷鸣般的掌声却久未停歇。至此，他心中还没忘记贝茜，那惨败的初恋让他心存积郁，今天在戏剧里将之尽情发挥了，可他倾情地投入演出，给他带来了不小的麻烦。

放学后，卡耐基与几个同学在忧郁小室讨论白天的戏剧，今天他的演习太成功了，不仅完成了原来设计的，还有出色的发挥。同学都被他的演技所折服。正议论得热闹，突然忧郁小室的门砰的一声被人踢开，几个人气势汹汹地闯了进来，边闯边高声地嚷：谁是戴尔·卡耐基，给我站出来。卡耐基不知道发生了什么，忙从同学中站出来：我就是戴尔·卡耐基，你们有什么事儿，好好说……卡耐基以为他们是学校附近的小混混。没想到听过卡耐基的话，一个高个子就蓦地扑上来，一把抓住卡耐基的衣襟，说：我要抽的人就是你……边说边一巴掌拍过来。说时迟，那时快，只见卡耐基嘴里嚷嚷了一句,挥起一拳就打在高个子脸上,然后退后两步,反手一抓,抓住了高个子的衣襟,用力一推,就把他推到门外去了。摔得扑通一声响,半天爬不起来。他的同伙见卡耐基外表文质彬彬的,手脚却如此凶悍,吓得夹着尾巴就跑了。卡耐基可是生活在农村久经磨炼的人,纽约城的小年轻怎么会是他的对手呢。

第二天,纽约的天空仍旧一样高远蔚蓝,如宁静浩瀚的海。只是这海面将起些风,不那么宁静了。远远地,卡耐基看见黛丝从戏剧学院的小路走来,那情形似曾相识,那纤纤细步的女子多像一个人。卡耐基想起瓦伦斯堡师范学院的林间小道,想起了贝茜,那情形就像是复制了那时的。

你好,戴尔,我们谈谈好吗?卡耐基正在内心把她跟从前的某人想到一起时,突然听见黛丝忧郁低沉的声音。

怎么啦?你说。卡耐基见黛丝似乎要哭出来的神情,忍不住关心地问。

知道昨天你打的那个人是谁吗?

不知道,他是谁?跟你有关吗?

他是我的男朋友比尔,因为我们演习得太投入,他误会了你……

卡耐基非常惊讶而惶恐,忙问:黛丝,你说的是真的吗?我想那真只是场误会,真的很抱歉……

可是,昨天他已跟我提出分手了,其实,戴尔,我只当你朋友的。黛丝以为卡耐基对她有非分之想吗?其实她只不过是贝茜的替身。

真是很抱歉,黛丝,我想,我想当面跟比尔道歉。

可是他已经跟我分手了……黛丝两眼满含泪水地望着卡耐基:真没想到结果会这样。

忧郁小室外的林荫小路一片静谧,鸟儿也不欢鸣,这本快乐幸福的青春,怎么如此沉重呢?难道自己真爱上了黛丝?卡耐基边走边想,一只鸟从树林间掠起,唧喳一声飞向了天空。黛丝轻微地叹息,触动了卡耐基敏感的心,他能深刻地感受到黛丝的忧郁与痛苦。他为自己给她带来如此的困扰而深感不安。

当晚,卡耐基就找到比尔,向他道歉并做了解释,希望不要因此影响到他与黛丝之间的感情。比尔知道了真相,解除了心结,也为自己鲁莽的行为对卡耐基表达了歉意。很快,他们聊到了一块,有种相见恨晚的感觉,成了好朋友。

后来卡耐基还邀请比尔和他的朋友们到忧郁小室,为他们编排了一幕戏剧。比尔与黛丝是主角,他是导演。这次戏剧不仅取得了很大成功,还和解了他们三人之间的关系。由此可以看出,卡耐基的卓越不仅表现在戏剧上,还表现在人际关系的处理上。很早他就展示了在人际交往方面的才华。

但美好的时光总是短暂的,很快六个月过去了。六个月的戏剧学院生活让卡耐基享受了梦想的光芒与奔向梦想的生命有多美好,但小室终究只是小室,它只储藏属于小室的温暖、快乐与成功。小室的人终要走向大社会,感受冷凉滋味。

1911 年,卡耐基从纽约戏剧学院毕业。卡耐基与同学们一样,心怀茫然与梦想。因为他们不知道自己赤手空拳的,能打下一个什么样的天下,能否到达自己想到达的山巅。任何事情都如攀山一样,远看亲切美好,绿意盎然,高山之巅便似藏有人间仙境,美轮美奂。可当真攀上去,都一样的崎岖不平、悬崖绝壁。那神秘美妙的国度,永远只属于梦境,那高山之巅,原也不过光秃秃的,蓝天低垂,阴风怒号,鸟雀哑然。浩瀚无穷的天空铺开一层又一层,形成整个宇宙。每条路上都充满了荆棘。要想采摘到一朵玫瑰或一棵千年灵芝,都需修炼一生或几世。

卡耐基深知自己并非戏剧天才,尽管他精神里有着高超的艺术感,但人活着终归要先解决吃饭问题。卡耐基的家庭并不能提供给他一个在舞台上取得成功的条件。这使得他的第二次学院生活结束后,走到了第一次学院生活结束后的同一条路上。他的个性与家境已决定了他要走的路。1908年,瓦伦斯堡师范学院毕业后,他带着一颗失意失恋的心走向丹佛。今天他又将带着一颗失意失恋的心,走向哪里呢?师范学院他失恋的情人是贝茜,四年后,他失恋的情人又是谁呢?

菠莉马戏团的恋情

戏剧学院毕业后,卡耐基很现实地进了一家马戏团当临时演员。这个马戏团叫菠莉,是个很有名气的演出团体,下设四个巡回演出公司,演员有一百多人。他们常年在各地巡回演出。

到菠莉马戏团后,卡耐基主演的第一部马戏,内容跟卓别林《马戏团》差不多,只不过,这部马戏的男女主角幸运多了。起码他们的生活不会贫苦到为一只煮

熟的鸡而当小偷,为一块面包而被人追赶得满大街乱跑。再者,卡耐基与戏中的女主角珍妮恋爱了,而卓别林没跟那女主角恋爱吧。由此相比,卡耐基比卓别林幸运。不幸与磨难才是真正磨炼一个艺术天才的。卡耐基尽管因自己的表演才华赢得了女一号霍尔曼·珍妮的芳心,可现实的贫苦与禁锢并未使他永久地赢得珍妮的人。

珍妮为了自己的梦想而与百老汇的制片人相好了,卡耐基因个人的自尊而放弃了珍妮。无论内心充满着怎样的梦想,个人又饱含多大的才华,但最终一切敌不过残酷的现实。在灯红酒绿的百老汇大街上,富人和社会名流在推杯换盏、寻欢作乐,而卡耐基却只有怀着内心难以言表的失恋伤痛,提着行李,孤独地走在马路上,告别了他的演艺之梦。

真是几家高楼美酒,几家流浪街头。朱门酒肉臭,路有冻死骨。

一日终了

卡耐基又从一个梦境中跌落。高山之巅固然美好,却不

过是一场梦。卡耐基困在房间,感受那一次次高山之巅的神奇与沉醉,鲜花,美酒,美女,情爱……人在高山之巅,一切唾手可得,天高远,地辽阔,梦之大。而一旦回到现实,梦中的一切就都消失了。面对狭窄的租房,低矮的门窗,阴晦而又猥琐的天空,它们竟如鬼魅一样纠缠住你的心,让你无止境地低落下去,直低落到泥土里。那也许是卡耐基小时为什么害怕自己会如樱花种子一样没入泥土,而永世不得超生的潜在原因吧。

卡耐基感受了梦中的美好,又感受到现实的无奈与残酷。对自己所过过的生活做了总结,写了一篇《榜德夫人传记》。之所以写这部传记,是因女作曲家榜德夫人坎坷拼搏,在逆境中奋起的一生与他何其相似。她的奋起给卡耐基最深刻的鼓舞。最终榜德夫人以歌曲《一日终了》红遍了大江南北。由原来演唱一晚还得不到五美元的报酬,到夜晚演唱十二分钟就得一百美元。她用自己的坚忍不拔,在逆境中探寻到了自己的路,顽强而有尊严地活下来。卡耐基对榜德夫人的崇敬,是他对艺术追求的延续。榜德夫人奋斗的历程,恰又是他本人的生活写照。

这里我们对他的这篇传记做个简短的介绍。

弗兰克·榜德是个拯救贫苦患者的医生,一位慈父。是整个北部丛林的救世主,每个生病的穷苦人都热爱他,连小孩子都喜欢跟他开玩笑。有一天下大雪,榜德医生在去医院的路上,被一个小孩子开玩笑用雪球掷他。不想榜德医生因此摔倒在雪地上,再也没有爬起来。自此,他的夫人就成了寡妇,她就是未来成名的作曲家榜德夫人。那时她还是个病妇,身体一直不大好,在家休养,有一个儿子。一家人靠着榜德医生微薄的收入生活。丈夫的突然离世,对她来说,无疑是天塌了。她不知道今后自己与孩子该怎么办。榜德医生因为一直济贫救世,根本没有给他们留下任何遗产,反而还留下了巨额的债务。榜德夫人几乎垮了。但经过多夜的思考与泪水的洗礼,她终于站了起来。生病的她,病痛也消失了,她拒绝一切外人的帮助,告别自己的亲友与家乡,带着儿子来到一个完全陌生的地方,开始做各种养活自己的活,可最终她因经验的缺乏均告失败。后来,她开始学作曲,可是出版社根本不出版她写的曲谱,她在地铁里演唱,却被人甩砖头,骂可耻。她的生活似乎陷入了冰窟,看不到春暖花开。一天,她与朋友去游玩,没想那解闷的短途旅行却给她的生命带来巨大的转机。

那日,风和日丽,常青藤布满路两旁,玫瑰花含苞欲放,一阵阵清香扑入鼻孔,自然的一切如此美好温馨,储藏着甜蜜幸福,让人心中抑制不住萌生甜蜜幸福的情绪。望着那美好情景,榜德夫人只感觉内心有种说不出的快感,想要歌唱。黄昏时,她与朋友们站在山峰上,看见日落晚时霞在天边慢慢徜徉,淡黄色太阳的在神秘的暮色中,落入蔚蓝广阔的太平洋,形成一幅辉煌而落寞的晚景。一天的时光就此告别,明天在黑暗中潜行来临。这幅日落晚景深深地触动了苦难深重的榜德夫人敏感忧伤的心灵,她不由自主地唱了出来:

夕阳沉入海洋，人生还有梦想。太阳，月亮，我们共享，一日终了……

曼哈顿，魔鬼之厨的沉沦

演艺梦想的破灭使卡耐基沉沦了很长时间，他不得不再次审视自己走过的路。唯瓦伦斯堡师范学院的演讲之路与南达科他的推销之路还算走得成功。而今，他不再有演讲的舞台，那就再去做推销吧。这于他不难，只不过放下心中灿烂的梦想，走上一个灰暗的现实。

于是，他来到纽约的商业中心曼哈顿，在派克尔德货转店找到了一份汽车销售员的工作。但汽车不是肉制品，纽约也不是南达克他。卡耐基在这里不但没有取得类似南达克他的奇迹，反而还受尽了打击。

纽约是大都市，纽约人生来就有一种优越感，不像南达克他的农场主朴实而真诚。想把东西推销给他们，比推销给那些农场主难上百倍。可以说，他们是全世界最苛刻而难侍候的顾客群之一。貌似大都市派头，实际上小气得很。卡耐基因为不懂得汽车这行，业绩总做不上去，常遭到上司的指责与教训。

一次，一对珠光宝气的夫妇来车行看车，卡耐基很热情地向他们介绍车的型号与性能优势。不想那位先生很不耐烦地打断他，问了个关于汽车型号技术方面的问题。卡耐基从没学过这方面的知识，汽车说明书上也没有，他被问得哑口无言。同来的女人见卡耐基目瞪口呆的样子,很不满意,气冲冲地走了,边走边留下一段话:先生,我看您的记忆力与口才真不错,可惜那几乎全是谎言,你在汽车方面只能算个白痴,我们是瞎了眼,才来这车行看车。

卡耐基很尴尬地站在那里,听到女士的话,心里很不是滋味。恰巧这时车行的老板来了,见到了这一幕。望着远去的顾客,老板忍不住对卡耐基大声指责:戴尔,看你做的好事,如果在试用期里你卖不出一辆汽车的话,就给我滚蛋。边骂边指着门外路边的一个衣衫破烂的流浪汉。

卡耐基郁闷至极。想到自己追梦来到纽约,住小屋,勤工作,还要遭受这样的羞辱,真是心情悲伤,恨不得一走了之。可是,能走去哪里呢?回瓦伦斯堡还是玛丽维尔?倘若母亲伊丽莎白知道了,还不得晕过去。无论如何都要坚持。

那时卡耐基就住在曼哈顿第八大道五十六街。那一带治安非常乱,帮派流行,素有"魔鬼之厨"的恶名。连警察夜间都不敢去那里巡逻。但卡耐基每天工作之后,都要回那里的租屋去。一路上,他与自己的清影做伴,清净的寂寞几欲压得他发狂。他不知道为什么白天说得口干舌燥的,而晚上却只能蜷缩着疲惫的身躯,忍受着饥饿的威胁,困在租屋里。蜷缩的不只是身躯,更是心灵。自从在车行上班后,他就从未享受过成功的快乐了。他都不知道成功的滋味是什么样的了。他总是处于沮丧与颓废中。甚至隐藏了许久的自卑也浮上来。时常,他望着自己的断指黯然神伤。派克尔德车

卡耐基每夜走在漆黑的街道，两腿冷得直打战。但街道边有烤香肠的淡淡香味扑进鼻子，令他想起了卖火柴的小女孩的形象。他记得小女孩在雪地里点燃了一根又一根火柴，最终被冻死了。

名家名言

批评不但不会改变现实，反而会招致愤恨。

名家名言

敌人对我们的看法比我们自己的观点可能更接近事实。

行豪华的展厅，高贵的汽车及珠光宝气的顾客，都对他形成巨大的压迫与讽刺。他不知道自己的人生之旅走到了哪里。自身都发生了什么变化。他不知道为什么，寻梦之初看到的纽约的天空那么高远、那么蔚蓝，而今，这一样的天空却变得如此凶狠而令人憎恶。

他记得初来纽约时，在那闪着金光的艺术学堂门前，仰望那轮金黄的太阳，他的心中充满了崇敬。在那神圣的慈光照耀下，他遇见了戏剧学院的校长，做了一个板凳的表演，便成功进入戏剧学院，一切都如梦一样美好。在那里，他度过了一段接近梦想的时光；在那里，他感受靠近天堂的美妙，与众多名艺人共同生活，为着一个理想奋斗。而今，他却沦落在“魔鬼之厨”与老鼠为伴，与屠宰厂、汽油厂及肥皂工厂的机器轰响为伍。每天在那涔水的墙壁与瓦顶下偷生。

卡耐基每夜走在漆黑的街道上，两腿冷得直打战。这寒冷多似儿时的寒冷啊。但街道边有烤香肠的淡淡香味扑进鼻子，令他想起了卖火柴的小女孩的形象。儿时，他有在那寒冷中戏谑老师与同学，吃卖火柴小女孩烤鹅的热情，而今，他只记得小女孩在雪地里点燃了一根又一根火柴，最终被冻死了。可小女孩直到死，都沉浸在那温暖的美梦中，给深夜孤独行路的卡耐基更深的寒冷。

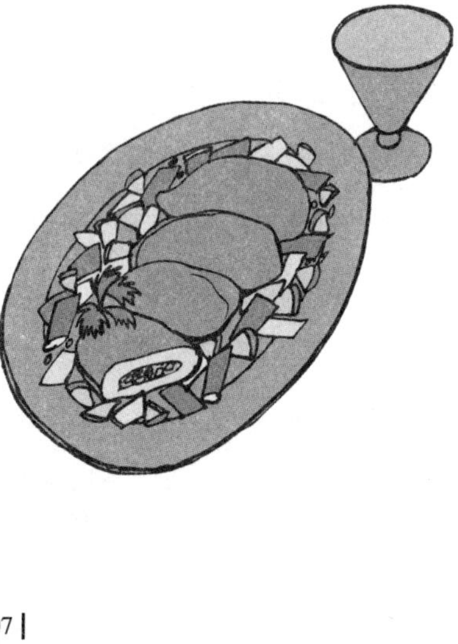

小女孩一整天没吃没喝，实在走不动了，她在一个墙角里坐下来。她用小手搓着又红又肿的小脚，一会儿，小手也冻僵了。真冷啊，要是点燃一根小小的火柴，也可以暖暖身子呀。

她终于抽出了一根火柴，在墙上一擦，哧！小小的火苗冒了出来。小女孩把手放在火苗上面，小小的火光多么美丽、多么温暖呀！她仿佛觉得自己坐在火炉旁，那里面火烧得多旺，小女孩刚想伸出脚暖和一下，火苗熄灭了，火炉不见了，只剩下烧过的火柴梗。

她又擦了一根，哧！火苗又蹿了出来，发出亮亮的光。墙被照亮了，变得透明了，她仿佛看见了房间里的东西。桌上铺着雪白的台布，上面放满了各种各样好吃的东西。一只烧鹅突然从盘子里跳出来，背上插着刀叉，摇摇晃晃地向她走来。几只大面包也从桌上跳下来，一个个像士兵一样排着队向她走来。就在这时，火柴又熄灭了，她的面前只剩下一面又黑又冷的墙。

小女孩舍不得擦火柴了，可她冻得浑身发抖。她又擦了一根，哧！一朵光明的火焰花开了出来。哗！多么美丽的圣诞树呀，这是她见过的最大最美的圣诞树。圣诞树上挂着许多彩色的圣诞卡，那上面画有各种各样的美丽图画。树上还点着几千支蜡

烛，一闪一闪的好像星星在向她眨眼问好。小姑娘把手伸过去，唉，火柴又熄灭了，周围又是一片漆黑。

小姑娘又擦了一根火柴，她看到一片烛光升了起来，变成了一颗颗明亮的星星。有一颗星星落了下来，在天上划出一条长长的火丝。所有的星星也跟着落了下来，就像彩虹一样从天上一直挂到地上。

小女孩又擦亮一根火柴，火光把四周照得通亮，奶奶在火光中出现了。奶奶朝着她微笑着，那么温柔、那么慈祥。

“奶奶——”小女孩激动得热泪盈眶，扑进了奶奶的怀抱。

“奶奶，请把我带走吧，我知道，火柴一熄灭，你就会不见了！”小女孩把手里的火柴一根接一根地擦亮，因为她非常想把奶奶留下来。这些火柴发出强烈的光芒，照得比白天还要亮。奶奶从来也没有像现在这样美丽和高大。奶奶把小女孩抱起来，搂在怀里。

她们两人在光明和快乐中飞起来了。她们越飞越高，飞到没有寒冷、没有饥饿的天堂里去，和上帝在一起。

火柴熄灭了，四周一片漆黑，小姑娘幸福地闭上了眼睛。

新年的早晨，雪停了，风小了，太阳升起来了，照得大地金灿灿的。大人们来到街上，大家祝贺着新年快乐。小孩们穿着新衣，愉快地打着雪仗。

这时，人们看到了一个小女孩冻死在墙角，她脸上放着光彩，嘴边露着微笑。在她周围撒满一地的火柴梗，她的小手中还捏着一根火柴。

卡耐基流着泪回忆完《卖火柴的小女孩》的所有情节。小女孩一共擦了五根火柴……卡耐基边数边爬上楼去，生怕弄出一点声响。因为他担心把房东与房邻吵醒，而被赶出去。因为他很久没交房租了，房子的租期早就到了……他总是小心翼翼地走每一步，进屋，推门，然后脱衣，睡觉。疲惫得像头猪。虽然疲惫不堪，却仍无法入睡。失意与沮丧像虫子一样在他心口咬来咬去，叫他昏昏沉沉的。他不知道自己是睡着了，还是没睡着。他瞪着眼睛，从未停止思考，却又什么也没想似的，天就亮了。纽约城的天空仍旧高远、蔚蓝，盛满憧憬与美梦。现实中，却只有几只蟑螂，撞在墙壁上噼啪噼啪地响。那是剥落的墙灰掉下来了。黑暗消散，太阳出来，新的一天又开始了。卡耐基艰难地从床上爬起来，他以为自己爬不起来了，他感觉自己已无法将生命继续下去，因为寒冷冰冻了一切。可他还是爬起来了，然后伸手去摸挂在墙壁上的领带，一股清泪从他苦涩的眼中流出。他望着撞在墙壁上的蟑螂发呆，想起那缩在墙角被大雪冻死的卖火柴的小女孩，我和她有什么分别呢？我也会这样不被人知地冻死在某个墙角吗？为了生存，他已不知道生的快乐。

"魔鬼之厨"的时光，真如梦魇。难道这就是人生吗？从前的演艺之梦、爱情之梦都破灭了，如今为了一块面包、一根香肠，而不像人样地奔波劳碌。住在这贫民窟与蟑螂为伍，这是种什么样的生存状态啊。我干着并不是很重的活，天天只是动动嘴，顶多是帮顾客推一推车，上上汽油，为什么竟如此劳累焦躁呢？那都是因为不被欣赏、业绩不好造成的。卡耐基没有丝毫成就感，一种天生我才无处用的憋屈让他总陷入一种消极悲观的情绪里。

那段时间，卡耐基思考得特别多。只要一停下来，他就与自己的灵魂对话。只要躺着，就会听到自己内心有个声音在埋怨。你是因为太想成功而聚集了精神，而最终的结局，叫你心生压迫与厌倦，本也因你对汽车这行没兴趣，没专业知识，所以才有如此冰凉的感觉？这种冰凉的滋味，终将淹没你对这人间的一切的味觉。它点燃不了新的希望与梦想，只让你无休止地沉沦下去。而你的灵魂与内里却是渴望成功积极向上的，所以你被撕裂着，而这种撕裂的过程叫你的心身无法承受，你因这种矛盾的撕裂分化，最终精神错乱而自杀。

卡耐基每天听到自己内心的这个声音，心情就会沉重而悲伤。他不想就此沉沦，他想奋起拯救自己。他将怎样走过这漆黑时光，成功拯救自己呢？

圆一个梦

时光一天天过去，卡耐基漆黑的生活还在继续，似乎有生之年看不到光芒。每天接触灯红酒绿的人群与他们繁花似锦的人生，他便觉自身的漆黑更深。他不知道为什么会陷入如此的人生低谷，这里没有光、没有风、没有自然的一切开阔美景，唯有窒息的凉。他每天在金碧辉煌的车展厅，享受珠光宝气及金属铜钱散发出来的凉，享受高调富人的凉。他觉得自己的整个人生都毁了。但这悲凉的日子里有一天是光明的,让他的人生发生了巨大改变,驱散了他周身的凉,拯救了他。

那日,车行来了一位老者,双目炯炯有神,头发、胡子都雪白。乍一看,卡耐基还以为是他寻找多年未得的索德先生呢。这外形给卡耐基无比的亲切感。他像往常一样热情地迎上去,他常以这样的热脸贴人家的冷屁股。人家喜欢的还让你贴,不喜欢的连冷屁股也不让贴,话都不回,扭头就走,哼都不哼一下。有钱人是好,卡耐基嘴里说好,心里却在骂着,有钱了不起啊,比欠债的农场主还小气。这便是城市人的风貌。但汽车还得他们这种小气的有钱人买,穷人再大方也白搭,他们买不起。

今天这位老者很热情,卡耐基算是热脸贴到了热屁股上。两个人一会儿就说到一块儿去了。卡耐基带着老者看各种款式的汽车,然后又耐心地向老者介绍各种汽车的性能、构造原理与优点。不承想老者根本不在乎这些,只陶醉在对车的欣赏与品味中。卡耐基第一次碰见这样只对车欣赏品味,而不发表任何意见的买主。心里暗自窃喜又奇怪。老者似乎看穿了卡耐基的心思,笑着说:你看,我岁数大了,汽车的性能对我来说并不重要,我要的是随意买一辆,体验一下开车的感觉,就满足了,小伙子,你不知道我年轻时的梦想,就是发明汽车,那时候还没有汽车嘛。但是生存的忙碌让我失去了为这个理想奋斗的时光,现在我购买汽车,其实是为了圆一个梦,尽管这东西不是我发明的,但也可想象一下，倘若是我发明的，会怎样呢？小伙子，也许今天我不是在这里买车，而是在与你们公司老板洽谈车辆交易事宜呢……

老者说着，哈哈大笑着选中了自己的车，开着走了。

圆一个梦？卡耐基望着老者离去的背影，重复着老者的话，陷入了沉思。是的，只为圆一个梦，实现自己年轻时的梦想。人生都会有个梦吗？有的人有，有的人或许没有，而卡耐基呢？

卡耐基回到租屋，望着墙壁上的蟑螂发呆。蟑螂们仿佛看穿了他的心事，对他私语道：穷光蛋，发什么呆？还不赶紧离开这个鬼地方，我们投奔到你这里，真是倒了八辈子的霉，墙灰都舔不到……蟑螂们的私语让卡耐基大吃一惊，恍然从一个消沉失意的梦中惊醒了。因为墙壁经年不修，墙壁灰都剥落，只剩下光秃的青砖。蟑螂们在这里的确饿瘦了，想另寻别处呢。几乎就是从那一刻起，卡耐基决定离开车行，去寻求自己的梦想。

大学时，卡耐基除了热爱演讲，还热爱写作。毕业后，即使做推销，他也从未忘记看书。什么詹姆斯·乔伊斯、托马斯·哈代等世界级大作家的作品，他都读过。看书已经成为他的一种习惯，虽不是职业，胜过职业给他的作用。每当精神沉郁、现实困顿时，他都企图从文字里寻求解脱。他曾在演艺爱情之梦破灭的死灰日子里，写过榜德夫人传记，为那首经典歌曲《一日终了》而宣扬而感动。他希望天下有志者事竟成。

卡耐基深刻思考的结果是：我为何不重新写作呢？白天

我可以出去找工作或工作,晚上我可以在自己思想的王国里自由徜徉,任谁也侵略不到。这是多么美妙而神奇的一个天地。我一定会成功。或许我将自己推销的经验与文字结合起来,那作品没准会畅销,它不仅让我取得成功,还可让世人少走弯路,更快速地步入成功,尽我的绵薄之力为人类创造一点财富。

这样想来,卡耐基决心辞掉车行的推销员之职,寻自己的作家梦去。这个汽车推销职位,已让他沉寂太久,他渴望飞奔出去。这一夜,他睡得很香甜,自从进了"魔鬼之厨",他就没睡过这样香甜的觉。梦中,他真成了知名的作家,每本书都登上了畅销书排行榜。它不仅是梦,更是他将来的现实。机会永远是给准备好,坚持向梦追去的人。

然而现实并非如此,梦并非即日可达。卡耐基辞职后,开始从事创作。但因文字功底不足,措辞艰难吃力,力不从心的感觉让他提不起精神。尽管密苏里河畔的樱桃树、玛丽维尔的农场生活滋润了他多情善感的诗人情怀;南达科他的推销,给他体验这个世界的机会;但作为作家,这些永远不够。他缺乏的是写出伟大作品的素材,他没有主宰那种大素材的能力。还有社会资源的缺乏,也让他的写作陷入瓶颈。他无法像托尔斯泰、安徒生那样娴熟内敛又大气。他的稿子一次又一次地被退回,他的梦想一次又一次地破灭,但他却从不妥协。

好不容易第一次,他接到一家杂志社的约稿,叫他写一篇查德哈丁·戴维斯的采访。戴维斯是当时美国最著名的小说家、戏剧家及战地记者，文坛的红人。卡耐基怎能采访到他呢？于是卡耐基想了一招，没想到这一招，不仅没有让他采访到戴维斯，反而还消除了他写作上的幻想，陷入了从前一样冰冷的现实。

他想起自己不久前收到一封信，信的末尾写着：口述信，尚未过目。他觉得这个落款棒极了，展示出那个写信人很忙、很重要的感觉。我何不也给戴维斯写这样一封信，兴许这种与众不同的落款形式，一下子就引起了他的注意呢？于是，卡耐基就给戴维斯写了封信，表达了自己的想法，并拟了几个采访的问题，希望对方回答，最后在落款处如法炮制地留下“口述信，尚未过目”几个字，寄了过去。自鸣得意地，等待那神圣时刻来临。倘若这封信出自一个名家之手，或许会产生某种特快效应，而作为卡耐基这样的无名小卒呢？它也会产生些特快效应，那就是死得更快。

戴维斯接到卡耐基的信，给他回复了。回复并不是要接受他的采访，而是就此信的落款，批评卡耐基是个轻慢无礼的狂妄之徒，叫他先老实做人，然后再老实写作。卡耐基看到戴维斯的回复，脸都烧红了。他为自己的这种傲慢无礼却内心虚弱的表达方式而羞愧难当。戴维斯轻轻的几句话，击碎了他内心深处的作家梦，回到一个清醒的现实。

从出生至今，他唯做成功过两件事——演讲与推销。而作为艺术的梦，只要滋生就会破灭。演艺梦、作家梦相继破灭，他将如何在这世上寻一口食呢？人总不能沉浸在梦想中不吃饭吧？这时，儿时母亲演讲的热烈场面再次在他脑海闪现,师范学院的辉煌的演讲镜头也一一播放出来。兴许这是条可行直达光明的路呢?直上梦之巅、山之顶,给以人沉醉飘摇的声望与名誉。只是如今,他如何能走上那个演讲台呢?那演讲台又在哪里?

步入青年会

坚定再走演讲之路的卡耐基,每天向一些大学投递个人简历,希望得到一份有关演讲的工作,比如给人上演讲培训课。这是他可以胜任又喜欢的工作。不久还真有哥伦比亚大学向他发来面试通知。原来哥伦比亚大学面向社会大众开设了夜校,其中一门课叫公开演讲,正需要招聘这样一位具有舞台经验与演讲口才的老师。卡耐基有过演讲冠军的经历,又有过舞台经验。这对他来说真是如鱼得水。卡耐基几乎胸有成竹,认为此职非他莫属。

一大早,他就收拾好自己,兴冲冲地去应聘,没想趾高气扬地出去,却垂头丧气地回来了。就凭卡耐基创造出南达克他奇迹的那份口才与坚毅,纽约戏剧学院的高才生,菠莉马戏团的主要演员,应该能胜任这门公开演讲课啊,怎么没应聘上?

接待他的是哥伦比亚大学夜校的负责人。他对卡耐基的自我介绍、谈吐气质、经历都很赞赏,几乎要聘用他了。卡耐基按捺不住心中的狂喜,脸上露了成功的笑容,没想到这时一个如魔一样的声音响起:把你的大学毕业证拿来我看看。

他们怎么知道一个自身条件如此优秀的人，会是个肄业生呢？卡耐基尴尬地拿出自己的肄业证，如生根地站在哪里，他是期望事情有所转机，或发生奇迹吗？然而事情没有任何转机，世间也没有任何奇迹发生，唯有那深刻拼搏的现实。他被拒绝了，因肄业证而被挡在了哥伦比亚大学门外。此后他又应聘了纽约大学及一些名校的公开演讲课程老师，起先都被录用，而最终都因肄业证而破灭。这辈子，他是否就得背着肄业生的恶名，而被淹没在尘世之下，窒息死亡呢？

演讲之路的梦想舞台还没有展开，就破灭了。

但卡耐基继承了他母亲的坚忍不拔，他是那种惯于在逆境中探路的人。他终将探寻出一条路，到达成功的彼岸。虽然他的求职之路充满荆棘，但他并不灰心丧气。经过汽车销售的失败，他更看清了自己未来的方向。他鼓励自己，既然选择放弃工作，就得努力写作。而今的演讲之路，也不过是为今后更好的创作打下基础。我要像太阳一样燃烧，照亮黑暗中行路的人，我得努力探寻一条路，登上最高峰。

卡耐基思考着走在纽约城。纽约城的人流，来来往往，如同海洋。这芸芸众生忙碌不歇，是如蚂蚁般生存，还是如梦般的生存？这世界何其之大又何其之小，怎就没有我容身之处？卡耐基在街头边想边踢着小石子，望着太阳、人流、高楼，突然想起儿时同父亲一起去圣约瑟城的情形。那时他就梦想某天能到纽约城，看看纽约城的大机场。只是来纽约这么久，他并未看见机场与飞机。纽约城大而阔，静而凉。尽管热闹非凡，却依然掩藏不住凉，那是大城市钢筋水泥的凉。不及玛丽维尔土地的温暖、南达科他农场主的温暖、瓦伦斯堡师范学院的温暖。

走着走着，他来到一座五层楼高的房子附近。卡耐基走近人群，听见一个娇柔的声音传来：先生，你好，请问您能帮我解释下商业理念是怎么回事吗？昨天的课程你听了吗？卡耐基被热情的姑娘吓了一跳，不知女郎是谁，又在问谁。但看周边没人，才斗胆地问女郎：你在问我吗？是啊，先生，您能帮我解释一下吗？昨天的课我实在听得糊涂啊。这时卡耐基才反应过来。对他来说，就商业理念这词儿解释，一点儿都不难。好久不曾面对大众演说了，就当一次演说好了。于是他口若悬河地说了起来……一时间，他身边就聚集了好些人，他们都听得目瞪口呆，眼里盛满饥渴与欣喜，他们还从没听过如此精彩的演说吧。卡耐基太渴望表现自己了，他那卓越的口才与聪明的才智似乎很久没派上用场了。顶多只是房间的几只蟑螂心怀郁闷地听听罢了。如今真是慈光驾到，那么多人聚集在他周围，他们都是谁？都是干什么的呢？

正在卡耐基演说结束、困惑不已时，一阵清脆的铃声响起。人群如蜜蜂闻到花香一样飞离而去。边跑边有人对他叫道：你不上课吗？上课铃声响了！

上什么课？卡耐基更觉得奇怪，因为周边根本没有什么学校啊。卡耐基跟着人群来到一个地方。此地幽静，蔚蓝，一栋高楼耸立在树荫中。青白的天空下,纽约城也有这寂静雅致的地方啊。这是什么地方？卡耐基抬头望,只见金光一闪,那房屋门前赫然挂着一个招牌,招牌上写着“青年会”三个字。那字多类似纽约戏剧学院门前的字啊,那仿佛不只是字,而且闪烁着慈光。

青年会是什么？卡耐基边寻思边仔细看宣传栏上的说明。宣传栏里贴着各种广告,健身房、交友所、读书会等,在花花绿绿的广告中,有这样一句话:想找到一份好工作吗？请参加青年会夜校的学习吧。

原来青年会是夜校,教导那些穷苦失业的人重新走上工作岗位,重新树立人生观。卡耐基看到此明白了。青年会就是个基督教性质的国际社会服务团体。卡耐基小时候,母亲从事的演讲、祈祷,正是服务于此团体的。母亲就是基督教教员。这个团体对卡耐基来说并不陌生,只是他还不知道这团体有青年会夜校。

夜校开有公共演讲课吗？卡耐基突然灵光一闪,仔细地再看青年会的课程表,左看右看,失望的表情浮现,怎么没有公开演讲课呢？这门课在人们求职的就业道路上多么重要啊。那可是个重大疏忽。卡耐基失望地离开,正待转身,一个灵光又一闪。为什么我不能说服会长开设那样一门课程呢？或许能成功呢。卡耐基一边想着一边信步往那高楼里面走去。

如果很直白地讲出这种要求,肯定会引起人家反感,得采取策略,给会长直接下套。可想个什么策略呢？卡耐基边走边心中酝酿,待到会长办公室门前,已有九成把握,他敲响了门。

会长见到一个瘦弱却坚毅的年轻人站在门口,吃了一惊:你是谁?找谁?有什么事吗?

我是戴尔·卡耐基,找您,会长。您的青年会开办得太好了,为那些贫困失业的人解除了金钱的窘迫,为那些从农村来到城里的乡下人找到了自信,您不仅让他们找到了工作,更为他们找到一个精神家园,我也刚从乡下来到纽约城,您这里的气息太不同于那个大都市了,我为那些苦难的人由衷地向您致敬……

卡耐基话还没说完,会长打断他:年轻人,你有什么请求吗?这个青年会的确耗费了我许多心血,也解决了许多人的生存问题,它的宗旨就是为需要它的人们服务,通过各种培训提升他们的技能,帮他们找到好工作,解决生存的困难。如果你需要,我们一样能帮助你。

会长看了看瘦弱而有些疲惫的卡耐基,困惑地说。

会长,我是需要您的帮助,我有个提议,如果青年会的学员在掌握了那些技能后,还同时掌握一份很好的口才和与人沟通的能力,不知结果会如何?

哦,是吗?会长似乎对卡耐基的话有些兴趣:讲讲看,年轻人。

如果您是一个厂家的老板,您招聘一个工人,有两个人来应聘,他们拥有一样的技能,但一个善于沟通与表达交流,另一个比较沉闷木讷,很难相处,您会选择哪一个呢?

当然是选择容易沟通相处的那个啊，年轻人，你到底想说什么？会长满是狐疑地望着卡耐基。

会长，我是想，青年会是否能开设这样一门课程，专门教人怎样说话，与人交流，加上您本来的那些课程，足够培养一个全才，让他们更自信地在社会上施展身手，他们会永远记得青年会，记得您的。

哦，年轻人，我知道你说的这个课程，公共演讲课吗，从前青年会开过，只是没开成功，你想，课程开设了需要教员、学员开支费用的，没有学员怎么能成呢？

怎么会没有学员呢？青年会的学员都是潜在的学员啊？这样好了，您让我试讲一堂课，看有多少人，效果怎样，再做决定，怎样？

会长被卡耐基的真诚感动了，说实话，卡耐基给他的印象不错，再说，不就是试讲一下嘛，免费的课程，何乐而不为呢？

试讲那天，卡耐基心情澎湃，激动万分。奔波到今，留在他记忆深处和最思念的，仍是家乡的玛丽维尔农场、开满樱桃花的小镇，以及密苏里河的支流102号河泛滥的情形。他深情真挚地对大家说：我来自密苏里州的乡村，在纽约城打拼多年，我非常思念我的故乡，那里果树成林，樱桃花开，虽然四季的沙尘暴袭击不断，102号河水泛滥不止，但它却是我永远的故乡。从小时候到长大离开，我都深爱着它。

他爱他的家乡、他的亲人，以及那里曾有过的一切苦难，它们磨炼了他的意志与内里，储存了他战胜一切的力量，使他有能量在逆境中一步一步地奋起。说到动情处，卡耐基不禁念起童年父亲常念的那首小诗：

告诉你什么是我的最爱
渴望徜徉在六月里
大约是草莓成熟的季节
某人午后
总爱偷偷小憩片刻
什么也不做
我宁可在果园里
无拘无束
头顶蓝天，足踏绿地
有清新的空气可供我呼吸
有如茵的草地可供我躺卧
就如你有客来访时
母亲在阁楼上布置的又厚又软的床

卡耐基最喜欢母亲在阁楼上布置的又厚又软的床，储存着亲情与人间大爱的温暖。他也喜欢在果园无拘束地头顶蓝天，脚踏绿地，在那清新的空气里呼吸，那是大自然的温暖。而在纽约，布满灰尘的街道与禁锢的天空都是冷漠的，没有丝毫温暖。卡耐基边念诗句，边沉浸在过去乡间如诗般的意境，那里生活优美宁静，充满柔软。人心都是肉做的，卡耐基动情的演讲，触动了每个人心中最原始、最柔软的部分，

回到魔鬼之厨，卡耐基兴高采烈地跟那些与他朝夕相处了几年的蟑螂们说再见。蟑螂们也纷纷向他致敬祝福，围着他舞蹈。扑打在他身上。

名家名言

学会对自己说："这件事情只值得我担一点点心，没有必要去操更多的心。"

名家名言

不要怕推销自己，只要你认为自己有才华，你就应该认为自己有资格担任这个或那个职务。

让他们禁不住万分感动,眼含热泪。

这堂课一下子就讲了两个小时。当演讲结束时,很多人还沉浸在卡耐基宁静甜美的乡村里。他那处世孤独的佳境,把人引入一个深深的神话,久久不能自拔。有的人甚至还很优雅地走过去与卡耐基握手、拥抱、问候。他们不知道这个真诚而才华横溢的年轻人是谁,又来自哪里,但他们为他而感动。他或许不只是在演讲,更是种人性激励,那就是无论在任何逆境中,都能自信、拼搏、奋起,向着自己的人生高山之巅攀去。

卡耐基的试讲非常成功,可开设这门课程并不顺利。会长说:年轻人,你的演讲的确很精彩,打动人心,可我们要的不是心理课讲授,而是交往与口才的传授,你说我该聘用你,专门为你开设那样一门课程吗?这么说,会长不赞成专门为卡耐基开设那门课程。幸好当时旁边有一位知名的心理学老教授,他看中了卡耐基的潜质,这样的心理大师若还不能胜任一个小小演说教师的话,那可是天下之悲哀了。老教授的话拯救了卡耐基,让他登上了自己钟爱的演讲舞台。此后,他就成了青年会公开演讲课程的专业教师,有了固定的收入与职位,不再在那"魔鬼之厨"租住着了。

赢得这份工作的那天,他走在纽约的街道上,纽约的天空真是那么高远、那么蔚蓝啊,原来那种隐晦、冷漠全由人的心境决定。

回到"魔鬼之厨",卡耐基兴高采烈地跟那些与他朝夕相处了几年的蟑螂们说再见。蟑螂们也纷纷向他致敬祝福,围着他舞蹈，扑打在他身上。卡耐基好不容易摆脱它们的纠缠，带着行李，搬出了“魔鬼之厨”，开始了一种全新的、符合他心中理想的生活。故乡的一切凝望着他，密苏里州、玛丽维

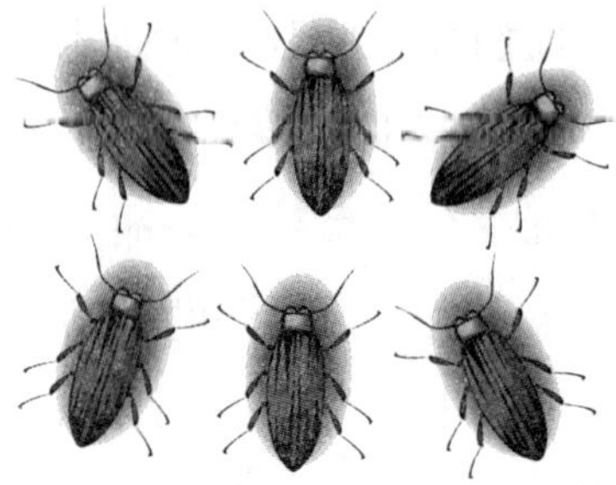

尔、102号河、父亲山顶的小木屋……都在他心中，他也凝望着它们。

遇故友拾旧梦

自从在青年会开设公共演讲课后，卡耐基的名声一日日崛起。因为他的严谨务实与敬业，使他的课广受欢迎。许多有名的企业家、学者，甚至政界首要都来听他的课程。卡耐基的演讲总是传播着一种声音，那就是自由开放、自信自然。他认为只要发自内心，就会赢得欢迎与尊重，而背诵演讲稿是不可取的。他深知禁锢的可怕。他鼓励每个人都上台演讲，敞开心扉，由此也到达别人的心扉。他营造了一个和谐的世界，充满关切与友爱。这使得他的卡耐基课程最终成为宝贵的世界文化遗产。

卡耐基成功地登上了梦想之巅，仰望到高山上的一切。名誉、鲜花、掌声、财富，于他一样不缺了。而当他再次登临人生高山之巅时，却不能再临密苏里河畔尽情抹把辛酸泪了。望着头顶的天空，它仍旧那样高远、蔚蓝、无边无际，与

他初到纽约时望见的一模一样。只是经过那么多色彩生活的卡耐基,今天才能正视这片天空,真实感受这片天空。站在高山之巅,他禁不住内心狂呼:爸妈,我成功了!

但人生高峰何处? 就在那纵情一吼,真心一叫吧。而在青年会的崛起置他于人生高山之巅了吗? 不,人生高峰无止境。只要你攀越,一个又一个的山峰,一次又一次的身临其境,铸造一个又一个的成功。人生的成功之路也无止境。当卡耐基还没遇见那个儿时的朋友时,或许也认为自己达到了人生高峰极景。而当遇见那故友,他的人生又发生了转变。

这个故友是谁? 是卡耐基少时最敬仰而又最妒忌的对象。他们一度是好友,一度又因各自前景而告别。从大学起,他们就分开了,至今已是 10 年整。

青年会崛起后,卡耐基的交际越来越广,结识了一大批富裕的企业家和才华横溢的艺术家。这些人经常和卡耐基分享各自的经验。卡耐基从他们身上得到了不少启发,反过来又促进了课程的进步。卡耐基也因此受到各地好学者的欢迎,常被邀请去做演讲、旅行。卡耐基的个人生活发生了质的飞跃。从小,他就盼望某天能够带着父母到他们喜欢的地方去游玩,比如去东方的神秘之国——中国。只是父母年事已高,在瓦伦斯堡农场过着恬静的农家生活,不再稀罕这无限风光了,卡耐基独自上路了。在纽约,他不是没听闻过那故友的大名,只是一直忙碌,没时间去探寻拜访。而那孤独的旅行却带给了他并不孤独的后半生。让他在友谊的光辉与温暖中,一步一步地向着更为顶尖的人生高峰攀去。

这个人就是卡耐基的少时校友,赫蒙·克洛伊。这个当时令卡耐基最羡慕而妒忌的富豪之家的风流才子,如今在哪里发达,会对卡耐基的未来产生多大影响呢?

卡耐基到瓦伦斯堡师范学院上学时,克洛伊就去了美国当时最大的新闻学院——密苏里大学。不过很遗憾,克洛伊也如卡耐基一样,没有拿到密苏里新闻大学的毕业证,也是以肄业生的身份离开学校的。然而他的起点高,人长得英俊,口才也好,很早就具有推销经验,所以很顺利地就进入了《圣约瑟城报》《圣约瑟城新闻报》工作,当记者。后来又加盟吧特瑞克出版社,担任主编助理。写作非常成功,是当时大名鼎鼎的作家。结识了许多美国各界的名人。

卡耐基很想结识这些名人,克洛伊很无私地表示愿意将卡耐基介绍给那些名人。这次卡耐基偶遇克洛伊可谓天作之合。有着同饮102号河水,同吃玛丽维尔樱桃果,然后又同在纽约打拼的人生经历,他们气息内里很一致,很快就成了好朋友。

纽约有一条河,叫哈得孙河,河水深邃幽蓝,卡耐基与克洛伊每个星期天都要到哈得孙河里去游泳。哈得孙河发源于阿迪龙达克山脉中的马尔西山,长约500公里,南流至纽约市,注入大西洋。河畔柳树成荫,微风吹拂,似故乡吹来的风。儿时他们也时常相伴到102号河畔游玩,那里也是柳树成荫,微风吹拂。淡淡的夕阳掩没了城市的喧哗,显示出一种乡野的广阔与宁静来。河畔外是一望无际的芦苇林,气势宏伟,似隐藏着一个又一个神秘。每次上了堤岸回到纽约城,便感知那刻的恍惚与隔绝。那是个闹市中的世外桃源,是他们心中最幸福美妙的时光。

相知的朋友能常聚,被卡耐基视为人生中最大的幸福。每当此刻,卡耐基都会想起玛丽维尔的樱桃园与玫瑰园。尽管当时是那样的不幸与坎坷,而今回忆起来却是宝贵的财富。少年永远都是人生的精致,更何况是农村的少年。

卡耐基曾写过一篇日记,里面有有关城市、少年、成年、写作的文字。

1. 农村与城市

城市的繁华与喧嚣,很难让人有一种清静朴素的心境。城市的丰满与财富,让人眼花缭乱。

由此,城市会孕育巨富财子,却很难孕育一个真正优秀的作家。优秀的写作者,心胸有如现代城市那么丰满,而心静得像田野山庄。描写城市的作品大多让人心思趋向杂乱与欲望的冲动。

而农村呢,总有种宁静的青绿,让人真正进入一种生与美的静的灵魂深处。

2. 成年与少年

成年没有少年那么容易幻想,感动,流泪。

成年不再那么容易相信，也不再那么热情。一颗能被感动的心隐藏在冷漠的外表下。

少年可以执意放旷，让真实的自己表露无余。

成年更多学会层层伪装，直到面目全非。

多么孤独、沉重虚伪的成年。这乃是人生的大半辈子。人真是最可怜的生灵。

少年仅仅只是人漫长一生中短暂的回味。

要是你为了活给别人看，你的少年永远不会回来；倘使你为自己活，那么你想少年一回也可以。只是人生少年一回永远是件奢侈的事。

正是因为他们都来自农村，心怀着淳朴的梦想，所以不像城市人那样世故。卡耐基非常珍视与克洛伊的友谊，把它视为人生中的财富。只有如此知根知底、脾气相投的人，才知对方内心真实的渴望是什么。那日，克洛伊望着刚从哈得孙河伸出脑袋的卡耐基，抹了把头发上的水珠。夕阳洒在他们身上，他们身上就起了金珠子，那是水珠子被夕阳映射出来的。克洛伊说：戴尔，据我记忆，从小你就有着写作的潜质，如今你为什么不结合自己的阅历进行写作呢？你将是个出色的创作者。

是吗？正像卡耐基日记里写的：城市会孕育巨富财子，却很难孕育一个真正优秀的作家。优秀的写作者，心胸有如现代城市那么丰满，而心静得像田野山庄。描写城市的作品大多让人心思趋向杂乱与欲望的冲动。而农村，总有种宁静的青绿，让人真正进入生与美的灵魂深处。

如果进入写作，他的文字将怎样呢？卡耐基自认为不是农村也不是城市，而是整个人类的写作。从事写作确也是深藏在卡耐基骨子里的愿望。但这些年来，为了生计，他不得不一次次走向其他工作。克洛伊的话挑起了卡耐基心灵深处的疼痛与禁锢，他珍藏着那个梦，唯恐消失。如今已被挑出，就抓住它好了。卡耐基望着哈得孙河畔的那抹杨柳，也抹了把自己头发上的水珠，说：克洛伊，说真的，我一直的梦想就是写作，我曾为此做了很多准备，都未取得成功，我相信我会取得成功的。

游泳回来之后，卡耐基纠正了生活坐标，把精力投入写作中去。正是那时，他在青年会也遇到了些烦恼。卡耐基的心理人性的讲课深深吸引了一部分学生，却也引起了一部分学生的反感。他们太过急躁想谋得捷径，快速获得成功。而卡耐基课程是循序渐进地到达你的肌理，释放你的才情或怨气，让你个人处于一个清纯质朴的真实状态，以此更打动吸引别人，增加个人魅力，扩充到大众社会。与那一部分人的浮躁心理是不合的。

当卡耐基以自己的成长经历、精神的洗浴鼓励学生时，一个学员很不耐烦地打断卡耐基说：对不起，戴尔先生，课已上了半个小时，可你所讲的与演说根本无关啊，我们对怎样摆脱人性的弱点并不关心，那是心理医生的事。你的工作是教会我们怎样演讲啊。正巧，会长路过教室门口，听到里面的吵嚷，得知了详情，对卡耐基严肃地说要与他谈谈。

由此他们在传授讲课理论上发生了分歧。卡耐基经过再三衡量,最终决定离开青年会,向另一座山峰攀去。

这座山峰就是写作。他会在写作上取得成绩吗?这座高山之巅又有些什么呢?

“一日终了”续

卡耐基又一次放弃了一个成功的现实,向一个虚拟的理想出发。此前,他放弃了南达科他的成功现实,为了追寻虚拟的演艺之梦。这次他放弃青年会,是为了追寻虚拟的写作之梦。当它们在远处作为理想闪光时,它们只是个虚拟的世界。要将这虚拟的世界变为现实,得付出多少呢?为了追寻演艺之梦,他进了纽约戏剧学院,同样为了实现作家之梦,他进了哥伦比亚大学新闻传播学与纽约大学,选修了短篇故事写作课程。那一次他失败了,这次他会成功吗?

卡耐基想起《一日终了》的作曲家榜德夫人,小人物的成功经历,将是他学习的楷模。每每听到《一日终了》,他就忍不住内心狂澜汹涌。他渴望成功的种子终有一天会在高山之巅成长结果。他在哥伦比亚大学拼命系统地练习写作,似为理想的崛起,亦是为心底隐藏的某丝怨尤。几年前,他作为求职者,想求得一份公开演讲课的教员工作时,这两所大学都因他肄业生身份而拒绝了他。这次他回来,为获得什么的同时,也是为证明什么吧。

给他上写作课的是一位治学严谨、学识丰富的老教授。

有一次，老教授出了一个名为《化险为夷》的写作题，要求同学们以自己的亲身经历写一篇文章，介绍自己是如何化险为夷的。要求思路新颖，感情真挚。

没想到卡耐基一鸣惊人。他写了一篇看似平常却又深入人心的文章，这文章涉及人性的弱点。他总不忘从人性心理角度出发，去处理人事。这让他未来的写作方向越来越清晰。或许在众人眼里，那是种迎合时髦的写作，而在卡耐基看来，却是对自身的一个总结，以及将之付诸文字的一种飞跃。

卡耐基在《化险为夷》的开头以充满才气感性的笔触写道：

我住在纽约这个大都市的中心，从家步行不到一分钟，就有一片美丽的树林。春天来到时，树林里的树木迎风招展，野花开得到处都是，可爱的松鼠跳来跳去，树上的小鸟更是快乐地鸣叫着。对这块美丽的树林地，人们叫它森林公园。

然后在这迷人的森林公园发生了什么呢？卡耐基牵着小狗在森林公园溜达，是不容许的行为。有几次被警察警告，若是再被发现的话，就要对他不客气罚款了。可那等美景夜色，一个人散步未免有些寂寞，加以小狗聪明活泼，使得他又忘性地把它带进了公园，好几次没被发现。可好运不会永驻。某次，他与小狗莱克斯溜达时，那警察突然骑马来了，小狗狂热地向马扑去，因为马是它在这公园遇见的唯一同类。小狗哪里知道这骑马的人是什么身份呢？卡耐基觉得在劫难逃。所以不等警察开口，就主动对警察先生道歉，主动请缨罚款。事情就这样发生了转机。警察先生不仅没有对他罚款，还很同情他，带一只爱犬散步有什么错呢？那些规矩真是定得不那么人道啊。

老教授看了非常欣赏，他认为这篇文章立意新颖，不仅有生动的故事情节，而且对读者也有深刻的指导意义。给他打了满分。

卡耐基正是沿着这人性的弱点、优点，而进行演讲与写作的。最终他成功了。从 1915 年开始，先后出版了《人性的弱点》《人性的优点》等多部书籍，且每一本书都上了全球畅销书排行榜，成为指导人们走向成功之路的典范书籍。

沿着榜德夫人的足迹与《一日终了》的旋律，卡耐基延续了一个又一个成功，攀上了一个又一个人生高峰。写作成功之后，他又将登上什么样的高峰呢？要说从前他是逆境中的探路者，那么从青年会之后，他却是顺境中不断超越突破的人。

随着写作的成功，卡耐基的名气越来越大，他的文章、采访频频见诸报端。但卡耐基并没有被成功冲昏头，他清晰地知道自己有两个梦想。除了写作，便是演讲。一个后台的，一个前台的。他从实践中总结出理论，然后又将理论付诸实践，这样节节攀升，直达人生成功的巅峰。

他喜欢别人从他的书中获得现实需要的东西，以帮助他们早日成功。因此，他决定自立门户，建立自己的培训班，后来还开办了卡耐基学校，用自己的书本当教材。用现在的话说是，把文学变成产品，投入实践，收取效益。不仅收取金钱，更是传播一种人类精神财富：自信，奋斗，崛起，攀越，直至成功。他如一盏明灯矗立在西方，指点人们向成功路上走去。

美国《纽约时报》报道他：除了自由女神，卡耐基或许就是美国的象征。美国总统约翰·肯尼迪赞扬他：卡耐基开创并倡导的个人成功学，已经成为这个时代有志青年迈向成功的阶梯。通过他的传播和教导，使无数人明白了积极生活的意义，并由此改变了他们的命运。卡耐基留给我们的不仅仅是几本书和一所学校，其真正价值是他把个人成功的技巧传授给了每一个向往成功的年轻人。

一日终了，原是一种美好的期待与向往。一日终了的，是所经历过的苦难与烦恼，而一日延续的，是激情、拼搏、奋斗与掌声。卡耐基不仅在写作上取得了极大的成功，也在推行自己理论的培训课上取得了极大的成功。人们真诚热烈地称他的课为卡耐基课程，称他为“成人教育之父”。他的学生几乎遍布了各个行业、各大州、全世界，且延续一代又一代。几乎每个上过卡耐基课程的人都会有所成就，而且与之前相比发生了巨大改变。

曾经有个叫罗威尔·汤姆斯的年轻人，是卡耐基课程的学员。多次到阿拉斯加旅游过，早年曾在芝加哥的夜校获得法学学士学位，后又到丹佛大学深造，获得硕士学位，随后进入普林斯顿大学教授演说课程，是个前途无量的小伙子。有一次参加议员演讲活动，写了一篇三个小时的演讲稿，专程从普林斯顿赶到纽约向卡耐基请教。

卡耐基非常赞赏汤姆斯，因为他身上具备所有成功的必要条件——吸引人的性格、感染人的热忱、惊人的精力与无止境的雄心。这无疑是卡耐基课程中指引人取得成功的必要条件。在卡耐基的指导下，汤姆斯成功地赢得了演讲，而且一直与卡耐基有着很好的合作，成了他很好的朋友。

卡耐基指导汤姆斯的诀窍就是，演讲时间不得超过半个小时，而且演讲内容必须简明扼要，形象生动，接近民风，不要高高在上，说些书面语言。因为人家没有那么多耐心去听。譬如你说某个州有 90 万平方千米，人一时很难想象，但如果你说跟 18 个密苏里州一样大，那么大家很快就想象到那地方有多大了。

汤姆斯是卡耐基课程成功的范例，像这样成功的范例每天都在出现。凡是从卡耐基课程出来的人，身上都有股不寻常的气质，那就是自信向上，乐观开朗，无所畏惧。

卡耐基的人生又到了一个巅峰。

然而天有不测风云，人有旦夕福祸。当卡耐基处于人生高山之巅时，第一次世界大战爆发了。那一年是 1914 年，卡耐基 27 岁。对于一个 27 岁的年轻人来说，能取得那么巨大的成功，已是奇迹了，但奇迹从来都是惊人的，更大的奇迹还在后头。已处于人生高山之巅的卡耐基，已阅美景无数，还会有怎样的美景等他去阅，还有怎样的山峰等他去探寻呢？对于一个经历战争和死亡的人来说，他还会拥有如以往一样的斗志与精神吗？

阅读思考

① 你读过《卖火柴的小女孩》吗？它是丹麦作家安徒生的一篇著名的童话，发表于1846年。找来读一读，试着写一篇读后感。

② 你从卡耐基的身上学到了什么？

第六章　适时如归

不要为打翻的牛奶哭泣

大战期间，卡耐基毅然参加了战斗。大战结束后，卡耐基回到纽约，一度非常消沉迷茫。大战之后的美国，经济萧条，物价高涨，数百万人四处流浪。其中有25万以上是16岁至21岁的年轻人。这些人被当时媒体称为大萧条期漂泊无依靠的人。整天疲惫奔波，却无家可归。卡耐基还好没成为这漂泊无依中的一员，因为大战后的1927年，他在纽约皇后区最好的地段森林小丘购置了一处住宅。但卡耐基培训已搁置了，许多老学员都无法联系。想重整旗鼓，恢复从前，只不过是一个梦罢了。

卡耐基非常苦闷，不知该做点什么，经常郁郁寡欢地在街头行走，望着周围同样神情落寞的行人，内心不禁涌来阵阵酸楚。纽约城的天空仍旧高远、蔚蓝，宁静开阔得如隐藏着一个深邃的海洋。而在卡耐基看来，却呈现出无限的悲凉，他时常不由得望着那海洋叹息。岁月如梭，光阴似箭，一晃已到中年，似乎万事皆空。

那段百无聊赖情怀悲伤的日子，让卡耐基的人生陷入了从未有的低谷。他时常想起玛丽维尔的樱桃园，想起蒂比的逝去，山顶小木屋的秘密，以及 102 号河的泛滥。想起南达科他的销售奇迹，想起“魔鬼之厨”的沉沦，想起青年会的崛起。他的人生就如五线谱，高低连绵起伏，有乐声，也有悲音。但不知过去如此辉煌的青年会，如今怎样？他想起第一次莽撞到青年会的那天。纽约的天空多么高远、蔚蓝，隐藏着无止境的梦境，给了他一个起飞的跳板。而今它却不再隐藏梦想，而呈现一片萧条。卡耐基想着想着，禁不住踏向了青年会。那个曾给他无数辉煌的场地，如今还能重新给他辉煌吗？他还可以从那里重新开始吗？

抱着渺小却浩瀚的复杂心情，卡耐基重回青年会，重操旧业。但青年会受着大气候影响，生意非常不景气，卡耐基靠此仅能维持生活。卡耐基甘于这样的生活吗？要知道，他曾是多么成功辉煌啊，要知道他是具备多大能量的人啊。可如今他消沉极了。听到榜德夫人的《一日终了》，内心再也没有狂澜，那是真的一日终了。卡耐基时常昏暗着眼，看不清新一天来临，每天都一样沉闷，百日如一日地就那样终了了。

这个时候友谊起了神奇而惊人的作用。当我们唱起《友谊地久天长》，心中会有什么异样的感受呢？卡耐基又从朋友那里获得了什么神奇力量呢?

怎能忘记旧日朋友/心中能不怀想/旧日朋友岂能相忘/友谊地久天长/友谊万岁/友谊万岁/万岁朋友/举杯痛饮/同声歌颂友谊地久天长/我们曾经终日游荡在故乡的青山上/我们也曾历尽苦辛到处奔波流浪/……我们也曾终日逍遥荡桨在绿波上/但如今却已劳燕分飞/远隔大海重洋/友谊万岁/万岁朋友/友谊万岁/举杯痛饮/同声歌颂友谊地久天长……

当这首熟悉的旋律响起,多少友人眼含热泪与悲痛,过去美好的时光被战争冲散,那些常聚的友人也不得常见。一晃十几年过去,故国不再,故家不再,故人不知是否还在?那种人生悲婉万事皆休的悲观情绪,几乎洋溢在每个美国人身上,也许不只美国人民,而是全世界人民。战争改变了世界原来的模样,新模样还未出来,人们都在饥饿与死亡线上挣扎。即使在战争前非常有钱的大老板,过去意气风发的银行行长,曾在著名报纸上发表评论的作家,都不得不在夜间敲门讨饭,或者是蜷缩在城市排队领面包的人群里。每每看到这凄凉的景象,卡耐基就忍不住伤怀。他不知道今生是否还有崛起的希望,能否走出人生有史以来的最低谷。

第一位来看望他的是多年的好友赫蒙·克洛伊。这个比卡耐基大五岁的老乡,看到卡耐基消沉潦倒的模样,大为戚然,不知道该如何安慰他,只能将自己惨痛的过去说给他听,希望他能从自己倒下去又爬起来的坎坷人生中,得到些力量。

他说:十年前,我以为我已坐在世界的巅峰,我将我的小说《水塔之面》的影视版权以最高价卖给了好莱坞一家影视公司,赚了很多钱。随后,我携全家到国外住了两年,那时我的生活舒适,夏天到瑞士避暑,冬天到法国南部居住,可以算是标准的百万富翁。后来我又到巴黎居住了六个月,写了一本小说《他们必须见见巴黎》,改编成电影,取得了巨大成功。那时我几乎是个世界名人。

声望名利于克洛伊都满满的。可他并不满足,以为自己是个全才,不想再以文字赚钱,而是在自己不熟悉的投资领域干大,用全部钱财包括房产买下了佛洛里特区的一块地皮,希望它涨价之后给他带来无限财富,成为一个"地王"。但事不如愿,全球性经济危机突然爆发。谁都无法料想明天,他一下成了"负翁"。房子被银行抵押,地皮一钱不值,他们全家被赶出家门,流落街头,受着夜来的寒风吹刮。他的人生也到了最低谷,小说写得一塌糊涂,没有人愿意出版,在他落魄的日子,人们更加瞧不起他,把他当做一个傻瓜,从前的一切声誉名望都不再有,他好像一只流浪狗。

看见从前风光无限的儿子突然如此颓废潦倒,老母亲可着急了。一天,当克洛伊神志不清而醉醺醺歪在床上时,老母亲满眼泪水地说:孩子,不要为打翻的牛奶哭泣。看到母亲衰老的脸容,两鬓的白发,克洛伊忍不住痛哭,"不要为打翻的牛奶哭泣"。从此,克洛伊完全放弃了心中的消极情绪,也彻底抛弃了从前的名誉与声望,一切从零开始,重新振作,再创辉煌。

端正了心态，克洛伊不再花费心思痛苦绝望，而是开始全身心投入写作，他的小说又开始被出版社接受，开始热卖，他的名声也逐渐回来。重创了又一个辉煌，上了另一个高峰。对于他那一段经历，他心存感激地总结说：我知道，天无绝人之路；我知道，我们能忍受更多的困苦。现在当我再遇到烦恼、焦虑或变故时，我就提醒自己，我已经经历过最悲惨的遭遇，而且已经熬过去了，没有比那更坏的，未来只会越来越好。

听了克洛伊的话，卡耐基感觉身心注入了一股神奇的力量，为好友曾有过的遭遇唏嘘。“不要为打翻的牛奶哭泣”，卡耐基一再地在内心重复这句话，感觉其间无限的动力。不要为打翻的牛奶哭泣，过去的辉煌永远过去，那就振作起来，再创辉煌吧。望着逝去的锦绣前程与毁灭的事业，卡耐基决定重新崛起。只要你这样想，心中就会有力量。他耳边不禁响起小时候母亲常唱着圣歌忙碌家务的情形，想起母亲做好早点，在阳光下对他们说：孩子们，不要害怕，只要我们努力勤奋地工作，上帝就会给我们需要的粮食。

当卡耐基的心理稍微调整后，另一个朋友也来安慰他。这个朋友就是曾经的拳王登普西。他与卡耐基是在汤姆斯组织的九个老男人垒球队认识的。

登普西告诉卡耐基：我突然发现自己变成了一个老人，我打不赢滕尼了，但我坚持着，在第十个回合，我还没倒下去，没倒下去的只是身体而已，我的脖子已经肿得不像样子，眼睛全是血,睁不开。我看见裁判员举起滕尼的手,宣布他获胜了,那刻,我才明白我不是拳王了。

他在雨中徘徊穿梭,泪流满面。他无法接受这个事实。当他走过人群,有人抓住他的手,他们的眼中也饱含着热泪。他不得不接受一个事实,拳王已经换代了。但他还是不死心,一年后,他与新拳王滕尼又恶战了一场,这次他输得更惨,不仅在台上倒下,且滚到了台下。他的英雄人生被迫改变,他告别了心爱的舞台,离开了拳坛。但他并没有消沉,而是重新定位自己,在百老汇开了一家有关拳击手的招待所,招待所生意非常好,他与家人继续安好地生活着,直到今天已十年,他觉得自己现在的生活比当拳王时要好得多。最后,他对卡耐基说:莎士比亚说过,聪明的人永远不会坐在那里为他们的损失而悲伤,却会很高兴地想办法重来,戴尔,你觉得呢?

登普西的话,让卡耐基心胸完全打开,他不再为失去的一切而悲叹、徘徊、痛惜。他决心抛弃一切负面的情绪,再次崛起。而在这崛起之前,他很想实现一个少时的梦想,去一趟遥远的东方神秘之国——中国。江西鸡汤鲜美的味道或许能够拯救他的味觉。因为很多天来,他都食而无味。或许也是为了平静下战乱后那颗还未完全平静下来的心。

“不要为打翻的牛奶哭泣。”卡耐基将重新崛起吗?

神圣的东方之行

月亮粑，跟我走，走到南山口……换牛角，牛角尖，飞上天，天又高，打把刀，刀又快，好切菜，菜又烂，好煮饭，饭又香，喝鸡汤……

在对儿时的中国歌谣的回忆中，那个与父亲去圣约瑟城的迷人夜晚再现了。卡耐基似乎乘那一夜的星光来到了中国，一路上，大西洋的海面宽阔无垠，蔚蓝似天。自然的一切永远博大平和，而人类却充满罪恶，世间的每个角落都蔓延残留着战争的炮火与创伤，古老的中国也不例外。

当卡耐基乘坐的油轮驶入上海港时，卡耐基看到贫困的中国渔民划着渔船，拍着船板聚集在油轮船舷的栏杆下，当油轮的水手们把船上的食物残渣倒进水中的时候，夕阳照射得海面一片金黄，而金黄的海面却没呈现一片静谧，而是慌乱。只见渔民们的船只拥挤地划向油轮边，将船板敲得清响，在那洒满残渣的水面上撒下渔网。吆喝渔歌。歌声苍凉古老，夹杂着悲伤。他们是因饥饿寒冷而悲哀地歌唱，还是他们捕捉到了可以饱食的鱼?

当卡耐基再回头，那方的海面却一片宁静，那慌乱的情形似乎只是梦境，人间的苦难不过是昙花一现罢了，但愿如此。只是卡耐基知道那不是昙花一现的梦境，而是一个个凄惨的现实，因为那些渔民根本没打到鱼，才开着空船离去的。等待他们的是家中瘦骨嶙峋的儿子、孙子、将死未死的老父母。他们饱含着希冀，盼望着夕阳中他们的归来，只是一天天过去，他们并未盼来一天的饱食。儿子、孙子的眼睛更大了，老父母终于死去，他们似乎轻松了些，又似乎更沉重了。因为下一个死亡的或许就是他们自己。那日渐老去的岁月与心情，怎还有力气将渔板敲得清响呢？太阳将他们的脸晒得黝黑，海风将他们的手吹得干裂。他们的笑却如鲜血一样盛开在他们的黑脸上，那是因为终于捕捉到的几条鱼吧？而当他们的脸如寒霜一样冰冻而无表情时，那是因为家里几天断炊了吧？海岸某个角落再也没有袅袅的炊烟升起。

这些苦难的中国渔民，深深触动了卡耐基麻木的神经，让他震撼。他原以为自己才是战争中最受创伤、惨败的人，没想到中国这片苦难的土地上，到处都是这样无所依托、无家可归、无食可吃的难民。贫困与战争是对孪生姐妹，战争，他无法阻止，而贫困呢？

随后，卡耐基来到北京，在北京街头，他看见一个流浪的女孩在拾另一个男子吃西瓜吐出来的西瓜子。她太饿了，饥不择食。她还那样小，就孤苦伶仃，失去了亲人，独自流落在街头，拾西瓜子充饥。战争给人类带来的痛苦永止无境，人类何时才会觉醒，不进行这种罪恶的行径呢？

看见中国的一切，卡耐基内心痛苦极了，这哪里是儿时渴望的黄金满地、鸡汤鲜美的神秘之国啊？分明就是个难民坑。他从来没想到儿时神往的梦中的天堂，如今会是这样。那怎会是天堂，分明就是个地狱！不知那人间美味，江西鸡汤还在否？

卡耐基没有去江西,尝试喝碗热鸡汤。这在他的东方之行本是在列的。在所见的上海、北京都如此,中国那遥远古老中部的江西人,日子会好过吗?那些人连自己都养不活,还会养鸡吗?那鸡汤早就消失了吧,或只被那些卖国求荣的幸存者而品尝了。它们或许由于自身的屈辱,早就失去了那种鲜美呢?

卡耐基站在北京街头,望着那刚吃完西瓜子的小女孩,不禁唉声叹气:唉,在美国,就算再贫困,大不了回农场种地,喂奶牛、挤牛奶。再坏也只不过培训课程被毁了。而我的生命、我的尊严,我的底气还在啊。比起那些困难麻木而饥饿的中国人民,算得了什么呢?

这次东方之行,打破了卡耐基儿时心中的美梦,却更坚定了他重新在自己的行业崛起的信心与勇气。他找到一个点,这个点就是第一次世界大战后,为苦难的人类做点什么?他将为全人类奉献自己的智慧与精力,著书立说,开课演讲,传授人生自信成功,而摆脱饥饿走向富裕成功之路的能力,重振人类精神家园。

卡耐基说到做到。从中国回来之后,他就彻底投入了卡耐基课程的推广与教学中。然后反过来,又在教学中吸取素材,写书。

卡耐基的写作一点都不做作,全是来自现实生活的那些成功人的失败经历,通俗易懂,风趣幽默,本本都成为畅销书,成为正统文人讥笑的对象。但他从不退却,也不怀疑。希望人间永远无限美好,永记林肯所说的那句话:一滴蜂蜜,比一加仑胆汁，可以捉到更多的苍蝇。

他再次站在人生的高山之巅。感觉梦想变成现实的极为不易，也极为平常。他说，那些有着丰功伟绩的人，多半是那些在看来毫无希望的处境下，仍旧不懈努力的人。他正是从多次无望的处境坚持不懈地走到今天，才有了今天。这里没有战争，只有和平。没有风暴，只有蓝天白云，一片祥和。

《人性的弱点》的热销，直接拉动了卡耐基课程的学员数量。在这本书出版之前，卡耐基一直是一个人授课，他的学员数每年在一千人左右。《人性的弱点》出版后，报名参加卡耐基课程的学员猛增了二十几倍。他们前来报名的直接原因就是读了那本书。为了满足日益增长的学员需求，卡耐基开始招募一些专职讲师，代替自己授课。就这样，卡耐基课程开始形成一种规范。日益发展，有自己的学校、教材，以及教师，形成了现代成人教育无与伦比的规模。

卡耐基课程遍布世界多国的教学计划，通过各种语言的翻译，不论是在英国会议大厅沉静的气氛里，还是在村落的茅草屋里；不论是在热带酷热之中，还是在斯堪的纳维亚的寒冬气候里，卡耐基课程都极受欢迎，成为全世界人民最宝贵的财富。

他终于从一个人生最低谷再次走向又一个人生高峰，此刻的高山之巅，应有尽有，包括困难和甜蜜。人生反复的悲喜情形，他都见识经受过；名誉，地位，钱财，他都曾拥有过、失去过，又再拥有。对他来说一切都已超脱、淡然。而就是这样一位跨过世纪风云，惯看人生百态的人类的"成功学之父”,在年终时,却在为一件事而心思澎湃不平。

适时如归

在卡耐基几乎完美的一生里,隐藏着一点小缺憾,一个只属于他的小缺憾。而1955年,对卡耐基来说是非同寻常的一年。因为在这一年,他心中的那个小缺憾得到了解除。

瓦伦斯堡师范学院给卡耐基颁发荣誉证与毕业证书的那天,安排他发表演讲。这个世界级的演讲大师,却不知道该对全校师生说什么。将要回到熟悉而陌生的母校,卡耐基心潮澎湃,忐忑不安。这个被称为“成年教育之父”、人类心理大师、演讲家、作家的人,并不认为自己有多成功伟大。他仍是母校的一个学子,这么多年过去,他才获得母校的认可,摆脱了肄业生的身份。母校的荣誉与毕业证书是他一生最厚重的礼物。

他为母校演讲准备得非常精心,不仅列出了纲要,还尽可能将演讲的内容写下来。或许连他自己都不知道,母校的演讲,将是他人生中最后的一次演讲。他演讲的主题是:热忱的追求与坚毅的毅力成就其一生。卡耐基总结了自己的一生,讲述了当年在学校的苦辣辛酸,讲述了他走上社会后的历经坎坷,以及怎样一步一步地取得了今天的成就……卡耐基一直没有脱离演讲稿,生怕说错一个字。他的真诚,他的成功之路,深深地打动了台下的每一位听众。演讲结束,台下响起了经久不息的掌声。在人群的欢动与雷鸣般的掌声中，卡耐基接受了母校颁发的荣誉证与毕业证书。

然而就在卡耐基从母校颁证演讲回家后不久，就得了尿毒症。

1955 年冬。窗外北风飒飒，大雪纷飞，阵阵寒意随着雪花落叶飘到窗台。那雪花是玛丽维尔教堂外的雪花吗？那落叶可是从故乡飘来？卡耐基躺在病床上，望着外面纷落的雪花，想起密苏里 102 号河，想起母亲种下的樱桃树，想起父亲在 102 号河的桥上，及那些含樱飞翔在河流上空的小鸟，那一段欢快歌唱的童年，那一段忧郁的少年影子，那第一次取得成功围绕密苏里河畔徘徊激动尽情呼喊的青年……想起这些，卡耐基微笑地沉睡了。大雪下，小虫亦睡得正香。

阅读思考

① 卡耐基的作品为何本本都成为畅销书？

② 林肯说“一滴蜂蜜，比一加仑胆汁，可以捉到更多的苍蝇”，你怎样理解这句话？

附录　卡耐基年谱

1888 年　出生于密苏里州玛丽维尔。

1898 年　游戏中左手食指受伤挫断，造成残疾。

1900 年　举家搬迁到瓦伦斯堡莫瑞农场。

1903 年　高中毕业。

1906 年　就读于瓦伦斯堡师范学院，演讲《童年的记忆》获得“勒伯第青年演说家奖”。

1908 年　大学毕业，在丹佛担任推销员。

1911 年　到纽约学校戏剧，尝试做一个演员。

1912 年　担任基督教青年会培训师，确立为后来的卡耐基培训学校的起点。

1913 年　与人合作出版《公共演说的艺术》。

1917—1919 年　服兵役 18 个月。

1921 年　与洛丽塔结婚。

1931 年　与洛丽塔离婚。

1932 年　出版《林肯传》。

1936 年　出版《如何赢得朋友和影响人们》。

1944 年　与陶乐丝结婚。

1945 年　创立卡耐基培训机构。

1948 年　出版《人性的优点》。

1951 年　独生女儿出生。

1955 年　去世。